의병전쟁의 선봉장
이강년

의병전쟁의
선봉장

이강년

| 박민영 지음 |

글을 시작하며

의병전쟁은 구국의 성전聖戰이었다. 의병을 공부하던 중 문득 이런 생각이 들었던 것은 오래전이었다. 인간의 보편적 가치인 자유와 정의를 지향하고 강도 일제를 축출하기 위해 분연히 일어난 의병이 지니고 있던 근원적 가치를 고려할 때, 그들이 수행한 전투는 곧 거룩한 사명을 띤 '성전'이라는 인식에서였다. 2003년에 발표한 논고 「한말 구국성전으로서의 의병전쟁」은 이런 생각을 정리한 것이다.

2008년 장인환·전명운 의사의 스티븐스 처단 의거 100주년을 기념하여 관련 자료를 준비하는 과정에서 봤던 신문의 한 꼭지를 잊을 수 없다. 1908년 3월 24일자 *San Francisco Call* 신문에서 한국의 의병전쟁을 '성전Holy War'으로 명명했다. 침략자에 맞서 자유를 지키기 위해 일어난 의병이 지닌 역사적 가치와 존엄성을 객관적으로 인정받은 의미 있는 기사였다.

운강 이강년은 의병전쟁 당시 활약했던 대표적인 의병장 중 한 사람이다. 그가 주로 항일전을 수행하던 1907~1908년은 의병전쟁이 가장 활발하게 전개되던 국민 총력전의 시기였다. 이강년의 활동 범위는 경상도·충청도를 비롯하여 경기도·강원도에 걸치는 한반도 중부의 넓은 지역이었다. 그가 추구했던 투철한 항일의식과 논리, 그리고 제천·갈평·재산·서벽·영월 등지에서 보여준 뛰어난 활약으로 보아, 이강년은 한말 의병전쟁을 상징하는 대표적인 의병장으로 평가할 수 있다.

　저자가 이강년과 맺은 학문적 연고는 두텁고, 오래되었다. 대학원 시절인 1989년에 은사 윤병석尹炳奭 선생님께서 수행하던 의병장 열전 집필 과업에 참여하여, 처음으로 이강년 관련 자료를 수집·조사하고 유적지를 답사하게 되었다. 가은역 앞에 서 있던 기념비, 갈평 전적지에 건립된 승첩비 등을 처음 찾았던 것도 바로 이 무렵 그러한 연고 덕분이었다. 1999년에는 운강이강년기념사업회 요청으로 세종문화회관 강당에서 이강년 공훈선양 학술강연을 했고, 그 발제문을 보완하여 이듬해에 「운강 이강년의 생애와 사상」이란 논문을 발표하여 그가 무장투쟁 역량뿐만 아니라 학문과 사상을 겸비한 인물이라는 사실을 새롭게 규명했다. 또한 2009년에는 『한말 중기의병』을 집필하면서 이강년의 재거과정을 다시 한번 정리했고, 그 뒤에도 문경문화원, 경북독립운동기념관

(구 안동독립운동기념관) 등 관련 단체·기관의 요청으로 이강년의 의병투쟁을 주제로 학술·대중 강연을 수차례 진행했다. 이 열전을 집필하게 된 배경과 동기를 생각할 때 결과론적으로 이처럼 오랜 학문적 연고가 작용한 때문이 아닌가 한다.

　이 책은 의병장 이강년의 생애 전반을 다룬 전기이지만, 전반적인 의병투쟁의 실상을 소개하는 데 주안점을 두고 집필하지 않을 수 없었다. 짧지 않은 51세 삶이었지만, 현재 그의 삶의 온전한 역정歷程을 알려주는 자료가 거의 남아 있지 않기 때문이었다. 이 점은 이강년의 생애를 균형적으로 복원하는 데 가장 큰 제약이었다. 1895년 전기의병에 투신한 이래 1908년 순국 때까지 수행한 항일전 관련 문건 외에는 선대 가계와 관련된 유년기 편린 자료가 그의 생애 궤적을 알려주는 거의 유일한 자료라 할 수 있다.

　전후 13년간에 걸쳐 이강년이 수행한 의병투쟁의 실상과 그 역사적 의미에 대해서는 가급적 사실 위주로 기술했다. 전기의병 투쟁은 한말 의병전쟁의 상징적 인물인 유인석과 사제간의 긴밀한 상관성 아래 그 투쟁의 실상을 기술했고, 1905년 을사조약 이후 재거 단계에서는 뛰어난 기동성을 바탕으로 항일전의 영역을 넓혀가던 과정과 민긍호·이인영·박장호 등 다른 여러 의진과 연합하여 항일전을 수행한 실상을 기술하는 데 주안점을 두었다. 이를 통해 이강년이 한말 의병전쟁을 선도한 대표적인 의병장인 동시에 항일전을 상징하는 표상임을 알리고자 한 것이다.

　이 책의 집필에는 여러 분의 선행 연구에 힘입었지만, 그 가운데서도 정제우·구완회 두 분께 받은 도움은 특기하지 않을 수 없다. 일찍이 1990년대에 이강년 의병장 연구의 초석을 다진 정제우 선생님의 관련 논저는 이강년 전기 집필의 큰 틀과 방향을 제시했다는 점에서 시사받은 바가 컸다. 다음으로 일련의 논고와 저술로 이강년 의병투쟁의 전모를 밝힌 구완회 교수의 선행 연구는 이 책을 집필하는 데 더듬이 역할을 했다고 해도 과언이 아니다. 이강년의 항일전과 관련된 일체의 사료 섭렵은 물론 심지어 세세한 지명 고증 하나하나에 쏟은 노력에 감탄했고 존경을 표한다. 더욱이 촉박한 기일에도 이 책의 원고를 정독하고 오류를 꼼꼼히 정정해준 구 교수의 도움은 잊을 수 없다. 또 원고 윤문과 교정에 정성을 다해준 역사공간 주혜숙 사장 이하 편집부 여러분께도 깊이 감사드린다.

30여 년 의병을 공부해온 나에게, 의병의 역사적 의의와 가치가 무엇일까 하는 근원적 물음에 대해, 요사이 또 하나의 생각이 정리되어 떠올랐다. 의병과 그들이 수행한 구국성전은 이후에 펼쳐진 장기지속적 독립운동의 동력을 마련해준 민족의 희망이었다는 것이다. 이강년은 그 역사의 중심에 섰던 인물이다. 모쪼록 이 작은 책자가 의병장 이강년의 일생과 그 공적을 알리고 선양하는 데 기여할 수 있기를 바라마지 않는다.

2017년 12월 서울 오금동 반석서실에서
박민영

┌ 차례

　　글을 시작하며 4

- 가문과 성장 과정 10

- 전기의병 투쟁 15
  　의병 봉기 15 ｜ 제천의병 합류 29 ｜ 의진 해산 35

- 학문과 사상 41
  　의암 유인석 문하 입문 41 ｜ 존화양이 항일사상 46
  　재기항전에 대한 신념 54 ｜ 충군애국의 의병정신 60

- 의병 재기와 시련 68
  　러일전쟁과 을사조약 늑결 68 ｜ 「속오작대도」 77
  　용소동의 시련 79

- 호좌의병장 이강년 85
  　호좌의병장 등단 85 ｜ 충주성 공략전 103
  　폐허가 된 제천 108

- 문경·단양·영월·영주 지역 항일전 116

    문경 지역 항일전 116 | 단양·영월 지역 항일전 127
    죽령 지구 항일전 141 | 순흥 공략전 148 | 고난의 항일전 150

- 경기·강원 지역 북상 항일전 158

    단양에서 가평까지 158 | 십삼도창의대진소와 이강년 163
    화악산의 겨울 169

- 경상북도 봉화 지역 최후의 항일전 179

    호서 지역 회군 179 | 봉화 지역 항일전 183

- 옥중 투쟁과 순국 190

    달이 지는 작성(鵲城) 190 | 옥중 순국, 드높은 의기 194

- 남기는 말 206

    후인의 선양·논찬 206 | 역사에 남긴 유훈 211

이강년의 삶과 자취 216
참고문헌 219
찾아보기 222

가문과 성장 과정

운강 이강년은 한말 의병전쟁 20년 역사에서 북한 지방의 홍범도洪範圖, 해산 군인 출신의 민긍호 등과 함께 뛰어난 지도력과 전투력으로 전국 의병전쟁을 선도한 대표적인 의병장 가운데 한 사람이다. 그는 1894년 청일전쟁 후 일어난 전기의병에 몸담은 이래로 1908년 순국할 때까지 전후 13년 동안 일관되게 항일전에 분투했고, 구국의 성전으로 승화된 한말 의병전쟁을 상징하는 인물로 형상화되어왔다.

이강년은 1858년(철종 9) 음력 12월 30일 경상북도 문경의 도태리道胎里(현 가은읍 상괴리)에서 한미한 선비 이기태李起台(1841~1877)의 아들로 태어났다. 자는 낙인樂仁이며, 호는 운강雲岡이다. 본관은 전주로, 태종의 아들 효령대군孝寧大君의 19세손이 된다. 어머니 의령남씨宜寧南氏가 태몽으로 태양을 삼키는 꿈을 꾸어서 아명을 양출陽出이라 불렀다고 한다. 8척 2촌의 장신에 장성하면서 용력이 뛰어나고 특히 병서에 조예가 깊어 어릴적부터 장군의 재목으로 촉망 받았다.

이강년의 가계는 뒷날 순국 때까지 몸에 지니고 있다가 시신에서 발견된 것으로 전해지는 「효령대군자손파계孝寧大君子孫派系」에 자세히 나온다. 여기에는 파조인 효령대군에서부터 이강년의 아들 승재承宰에 이르기까지 세계世系가 자세히 기록되어 있다.

이강년 의병장 초상화

이강년의 가계를 더듬어보면 14대조 이승원李承元이 통정대부로 목사牧使(정3품)를 지낸 이래 13대조 이창인李昌仁이 부사직副司直(종5품), 11대조 이사건李思騫이 판관判官(종5품), 10대조 이응길李應吉이 부사과副司果(종5품)를 지냈다. 그 후 인조 때 김자점金自點의 외척인 9대조 이성민李聖民이 역모사건의 화를 피해 영남으로 내려와 안동 감천甘泉으로 낙향하면서 영남 지방에 세거하게 되었다.

그 뒤 7대조 이세형李世亨은 송시열이 복제문제로 유배를 갈 때 상소를 올려 그를 변무辨誣하며 옹호했다. 5대조인 이윤욱李允郁은 문과에 합격하여 사간원司諫院 정언正言(정6품) 벼슬을 했다. 4대조 이제참李齊參은 통덕랑通德郎(정5품)이 되었으며, 그의 백부인 이기택李起宅이 무과에 합격한 뒤 평안도 삭주부사朔州府使를 역임했다. 이처럼 운강의 가문은 왕실의 일족

이강년 복원 생가(문경군 가은읍 상괴리)

이면서도 벼슬이 5~6품의 당하관에 그쳤으며, 생활환경 면에서도 명문 사족으로서의 명성을 누리지는 못한 듯하다. 다만 향촌사회에서 학문을 닦고 도의를 숭상하는 가풍을 유지해온 것으로 추측된다.

비교적 자세하게 남아 있는 가계 관련 기록에 비해, 1896년 의병에 투신하기 이전 이강년의 성장기 이력이나 수학 과정을 알려주는 자료는 많지 않다. 의병 동지이자 유인석 문하의 동문인 이정규李正奎가 1939년에 지은 「행장」에도 의병을 일으키기 이전 이강년의 행적에 대해서는 가계와 효행 등 관행적인 기술을 제외하고는 매우 간략히 기록되어 있다. 「행장」외에 김회진金晦鎭이 지은 이강년의 묘갈명墓碣銘 등에도 초기 행적을 알려주는 단편적인 기록들이 조각조각 남아있으나, 「행장」의 수준과 범위를 넘어서지 못한다.

성장 과정 외에 이강년의 학문적 연원이 되는 소년기의 사승師承관계나 수학한 학문의 내용을 알려주는 자료 역시 부족하다. 다만 효행으로 이름난 조부 이덕의李德儀 아래서 부친이 일찍부터 학자로 숙성했다고 하는 점이나, 백부 이기택이 삭주부사를 지낸 점 등으로 미루어 학문을 숭상하는 가풍 속에서 유년기부터 자연스럽게 가학家學을 이어받아 유학 공부에 몰입했을 것으로 짐작할 따름이다. 이회진이 지은 이강년의 「묘갈명」에서 "여덟 살에 아버지

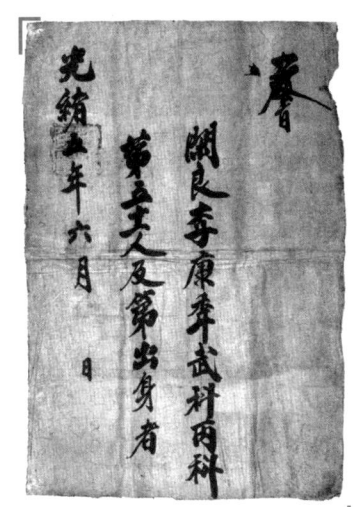

이강년의 무과 합격 교지(1879)

를 여의고도 오히려 배움에 힘써 경사經史에 널리 통달하였다"라고 기록한 대목이나, 송상도宋相燾가 『기려수필』에서 "일찍부터 문학과 사장詞章을 성취한" 인물이라고 평가한 대목을 보아, 이강년이 어린 나이에 학문을 익혀 상당한 경지에 도달해 있었음 알 수 있다.

그 뒤 이강년은 1879년(고종 16)에 22살의 나이로 무과 병과丙科에 합격했다. 등과 후 관직에 나아가 절충장군折衝將軍 행용양위行龍驤衛 부사과副司果(종6품)에 임명되었다. 그가 무관으로 출세한 배경에는 백부 이기택(1839~1887)의 심대한 영향과 지도가 작용했으리라 짐작된다. 이기택은 1864년 무과에 급제한 뒤 1870년 수원유수로 관직에 나간 무관이었다. 그는 조카 이강년의 출세에 도움을 주었을 뿐만 아니라 일찍 타계한 부친의 역할을 대신하여 성장 과정을 지켜보면서 장래를 지도해줌으로써

이강년에게 큰 영향을 미친 인물이었다. 이강년이 백부의 임소任所를 자주 찾았다는 「행장」의 기록을 통해서도 그러한 사실이 어느 정도 감지된다. 그가 백부에게 올린 시 한 수와 백부를 추도하면서 지은 제문(1889) 한 건이 전해진다.

　이강년이 관직에 나가던 시기는 일제 침략으로 국권이 유린당하던 민족의 수난기였다. 일제 침략과 한반도를 둘러싼 청·일 간의 각축으로 정국이 몹시 혼란해져 급기야 1882년 임오군란, 1884년 갑신정변과 같은 큰 정변이 연이어 일어났다. 그는 갑신정변 이후 관직을 버리고 고향으로 돌아왔다. 그 뒤에는 대의에 뜻을 두고 학문에 더욱 힘쓰는 한편, 호서와 영남 등지를 두루 다니면서 국가적 위기 상황을 체험하고 10여 년간 우국의 나날을 보냈다.

전기의병 투쟁

의병 봉기

의병 전야, 동학농민전쟁

이강년은 1896년 전기의병 때 처음으로 의병에 몸담았다고 알려진다. 일제 침략이 점차 노골적으로 드러나면서 일본에 대한 적개심과 항일의식이 고조되었고, 전국 각지 민간에서 자발적으로 의병이 봉기할 때 여기에 참여한 것이다. 그러나 실제 그가 처음으로 투쟁의 대열에 선 것은, 1894년 동학농민전쟁 무렵으로 보인다. 동학농민전쟁은 일제가 국권침탈을 가속화하는 상황에서 대내적 모순을 청산하기 위한 반봉건투쟁과 국가, 민족 수호를 위한 반일투쟁을 동시에 표방한 투쟁이었다.

    이강년이 동학농민전쟁 시기에 동학에 참여했는지 여부는 확실하게 단정하기 어렵다. 동학 가담 여부를 둘러싸고 여러 가지 설이 제기되

경복궁을 무단 점거한 일본군 삽화(1894)

는 이유이기도 하다. 이강년이 동학에 가담했다는 근거는 일제 측 의병 탄압 기록인 「폭도사편집자료」에서 경북관찰사 박중양朴重陽이 1908년 10월 1일 통감부 경무국장 마쓰이 시게루松井茂에게 보낸 보고 문건이다. 여기에는 이강년의 전력前歷이 다음과 같이 기록되었다.

> (이강년은 - 필자 주) 경상북도 문경군 가북면 대문리 출생으로서 저 동학당 봉기 때에는 그 지방의 수괴로서 대대적으로 관군에 대항하여 비상한 참해를 일으켰다.　－『독립운동사자료집』3, 독립운동사편찬위원회, 1971, 572쪽

또 강원도관찰사 이규완李圭完이 1908년 11월 18일 내부대신 송병준

에게 올린 보고에도 위와 거의 같은 내용이 기술되어 있다.

> 이강년은 원래 경상북도 문경에서 출생한 후 충청북도로 이주하였다. 그는 학식이 있고 기골이 장대하여 청일전쟁 당시 동학당이 일어났을 때부터 폭도의 수괴로서 각지를 배회한 자인바 그의 가족은 모두 일본군에게 살해되었으므로 일본에 원한을 품은 지 오래였다.
> ─『독립운동사자료집』3, 독립운동사편찬위원회, 1971, 600쪽

정보의 출처가 같은 곳인지 여부는 확인할 수 없지만, 위 두 자료는 그동안 이강년이 동학에 가담했다는 주장을 뒷받침하는 결정적 논거였다. 이강년이 뒷날 보여준 영웅적 항일투쟁 이력으로도 당시 문경 지역에서 일어난 동학농민군 편에 가담했을 것으로 추정할 수 있다. 특히 이규완 보고문의 문맥을 보면 청일전쟁이 발발한 후 다시 일어난 동학농민군의 2차 봉기 때 항일전에 투신했다고 해석할 수 있는 여지가 있다. 이런 점에서 이강년이 동학에 가담했을 때 일제를 몰아내겠다는 동학농민군의 구호와 대외의식에 공감하여 동학의 이름을 빌렸을 개연성이 제시되기도 한다.

이강년은 명문세족은 아니지만 전주이씨 양반가의 후손이고, 학식있는 선비이기도 했다. 학자로 명성이 높았던 제천의병장 의암毅菴 유인석 柳麟錫(1842~1915)과 뒷날 진중에서 사제관계를 맺을 정도로 학문적 기반이 탄탄했다. 무반 양반가로서 이강년 가문이 가진 배경과 이강년의 학문적 바탕으로 본다면, 이강년이 동학에 가담했을 개연성은 희박해 보

인다. 이런 점에서 오히려 이강년이 가담한 편은 동학농민전쟁 당시 동학군 탄압을 위해 각지에서 양반 유생들이 조직한 유회군儒會軍에 더 가까웠을 것으로 보인다.

이강년의 사후, 그의 동지 회당海堂 박정수朴貞洙(1859~1917)가 이강년의 항일투쟁 이력을 정리해서 기술한 『창의사실기倡義事實記』에는 동학농민전쟁 당시 이강년의 동정에 대해 다음과 같이 밝히고 있다.

> 갑오년 6월에 이르러 동비東匪(동학군-필자 주)와 왜변倭變(일본군의 경복궁 무단점거 사건-필자 주)이 아울러 일어나 온 나라가 소란스러웠다. 공이 분개하여 순국하려는 뜻을 가졌으나 모부인이 경계하였기에 잠시 멈추었다.
>
> -박정수·강순희 편, 구완회 역, 『국역 창의사실기』, 세명대학교 지역문화연구소, 2014, 12~13쪽

'동비'와 '왜변'을 함께 언급한 위의 기록으로는 이강년의 진의가 어디에 있는지 정확히 판단하기가 쉽지 않다. 당시 정황을 고려해서 위 인용문이 '동비'에 더 큰 무게를 둔다고 상정한다면, '동학난'을 진압 평정하는 세력을 규합하려 했다는 의미로 받아들 수 있을 듯하다. 이강년이 동학농민전쟁 당시 창의하려다 미수에 그친 심경을 읊은 「동비시욕창의미과東匪時欲倡義未果」라는 시를 보아도 마찬가지 정황을 파악할 수 있다.

논의를 종합하면, 이강년은 1894년 동학농민전쟁이 발발하고 시국이 매우 위태로워지자 난국을 타개하기 위해 양반 유생의 처지에서 농

민군을 진압하고자 창의를 결심했지만 이를 미처 실행에 옮기지는 않았던 것 같다. 일제 측 자료에서 '동학의 괴수'라 기록된 이유는 운강의 전력을 오인했기 때문으로 보이며, 박정수의 『창의사실기』에 기록된 사실로 미루어 보더라도 실제 창의에 이르지는 않았음을 알 수 있다. 그러나 충군애국정신이 철저한 이강년에게 1894년 청일전쟁과 동학농민전쟁은 분명 국가와 민족의 운명과 향배를 깊이 고민하게 만든 큰 계기가 되었을 것이다.

변복령과 을미사변, 그리고 단발령

이강년은 1896년 처음으로 의병을 일으켰다. 청일전쟁 후, 이 시기에 의병이 일어나게 된 시대적·역사적 배경을 잠시 살펴보자.

1876년 강화도조약을 체결함으로써 조선의 문호를 강제로 개방한 일제가 조선을 침략하는 데 가장 큰 장애물로 여긴 것은 그때까지 조선에서 우월하고 독점적인 지위를 유지하던 청나라였다. 일제가 1894년에 동학농민전쟁을 계기로 도발한 청일전쟁은 청의 세력을 몰아내기 위해 일으킨 침략전쟁이었다. 1876년 강화도조약이 일제 침략세력이 조선에 상륙하는 발판이 되었다면, 청일전쟁은 일제 침략세력이 조선에서 확실한 지위를 구축하는 계기가 되었다.

일제는 청일전쟁 개전과 함께 김홍집을 총재로 하는 군국기무처軍國機務處를 설치하여 갑오경장, 이른바 '내정개혁'을 급진적으로 단행했다. 정치·사회·문화 여러 영역에 걸친 급진적 변개變改에 당시 조선 민인들은 크게 반발했다. 특히 선비들은 갑오경장을 미증유의 역사적 대변고로 인식하며 크게 통탄했다. 갑오경장의 일환으로 감행된 변복령變服令에 대해서도 극단적으로 반발했다.

복제服制는 일차로 1894년 6월에 '깃이 둥글고 소매가 좁은 옷[盤領窄袖]'을 입도록 개정했다가 같은 해 12월에 관원의 대례복大禮服을 검은색 깃을 둥글게 만든 공복, 곧 '흑단령黑團領'으로, 통상적 예복을 검은색의 두루마기[周衣]로 다시 변경했다. 의복제도 개정이 결국 검은색 양복으로 낙착되기에 이르자 유생들은 큰 충격을 받아 만고에 없는 큰 변고라고 인식했다. 후일 이강년이 스승으로 섬긴 유인석도 이러한 '변고'를 그 누구보다 심각하게 인식하고 애통해했다.

> 아 애통하도다. 4천 년 화하華夏 정맥과 2천 년 공맹 대도와 조선조 5백 년 예악전형과 가가家家 수십 세 관상법도가 여기서 끊어졌도다. 이제 글 읽는 선비는 어떻게 처신해야 옳겠는가? 선비가 지키는 것은 선왕의 도이니, 선왕의 법복法服이 아니면 입지를 않고, 선왕의 법언法言이 아니면 말하지 않고, 선왕의 법행法行이 아니면 행하지를 않는다. 이제 선왕의 법복을 훼손하였으니 이는 그 지키는 바를 잃은 것이다. 그 지키는 것을 잃어버렸으니 어찌 선비 될 수 있으리오. 이는 천지·성현·선왕·부조父祖에 죄를 짓는 것이니 살아서 장차 어찌하겠는가? 이제 성토하다 죽고 거의하다 죽으리니, 선왕의 도를 수호하다 죽는 것은 선비의 의리이다.
>
> -『소의신편』, 국사편찬위원회, 1975, 132~133쪽

전통 의복을 서양식 복제로 바꾸면서 화맥華脈과 도맥道脈을 비롯해 조

선의 정맥과 전통적 고유 습속까지 모두 일시에 단절하는 결과를 초래했다는 논리다. 이러한 변고를 당한 이상 선비로서의 의미와 역할을 상실했기 때문에 모두 죽음을 각오하고 거의해야 한다고 촉구하는 내용이다. 변복령에 즈음하여 민족문화에 대한 깊은 신뢰와 절대적 가치 부여에서 비롯한 선비들의 주체의식은 다음과 같이 처절한 절규를 토하게 했다.

> 땅을 치며 통곡하고 칼을 빼어 스스로 찔러 목의 피를 왜의 두목 정상형井上馨과 박영효·서광범 이하 개화파 역적들의 면상에다 뿌린 자가 몇이나 있었는가? 전국 인민 가운데 통분하여 크게 부르짖으며 거의해서 오랑캐의 무리를 무찌르고 역적을 섬멸시켜 군신사민의 몸에서 양복을 벗겨내고 다시 선왕의 법복을 입히려는 자가 있었는가?
>
> -『소의신편』, 국사편찬위원회, 1975, 133쪽

변복령이 내려진 1895년 초, 이미 의병 봉기의 분위기가 무르익고 있었다. 변복령이 곧 일반 사민士民에게 일제에 대한 적개심을 강하게 품고 항일의식을 키우는 계기로 작용했던 것이다. 이러한 정세 속에서 러시아·독일·프랑스 세 나라는 일제가 청일전쟁의 결과로 획득한 요동반도를 청에 반환하도록 간섭했다. 이러한 삼국간섭으로 일제의 약점이 노출되자 조선 정부는 일제의 영향력을 배제해가면서 친러정책을 펴기 시작했다. 이에 일제는 1895년 8월 20일(양력 10월 8일) 을미사변을 일으켜 민왕후를 시해하는 야만적인 국제범죄를 자행했다. 또한 범행 직후 일

을미사변 때 민왕후가 시해된 옥호루

제는 왕후 폐위조칙까지 발표해서 전 인민을 속였다. 곧 을미사변이 민족적 공분을 일으켜 의병 봉기의 명분을 더욱 분명하게 제공함으로써 거의의 동력으로 작용한 것이다. 전국 각지에서 일어난 여러 의진에서 의병 봉기의 이유를 말할 때마다 반드시 '국모 복수[報國母之讐]'를 언급했다. 을미사변이 그만큼 거의에 뚜렷한 명분을 주었다는 의미다.

얼마 뒤 김홍집 친일내각은 1895년 11월 17일을 기해 건양 원년 1월 1일로 음력에서 양력으로 역법을 바꿈과 동시에 단발령을 내렸다. 앞서 변복령이 내려진 뒤 어수선한 정국 분위기에서 당시 유생들은 단발령이 머지않아 내려지리라 예상하고 있었다. 변복령과 단발령, 곧 훼복毁服과 훼형毁形 양자를 거의 같은 맥락에서 인식했던 것이다. 변복령과 단발령에 대해 유인석의 아래 논파는 그 인식의 단면을 그대로 보여준다.

상투와 원메圓袂(둥근 소매)의 유무에 따라 화이華夷와 인수人獸의 갈림이, 그리고 강상대도綱常大道의 보존 여부가 달려 있으니 …… 머리는 만 번이라도 잘릴지언정 상투는 한 번이라도 잘릴 수 없고 몸은 만 토막이 날지언정 원메는 실오라기 하나라도 찢길 수 없다.

- 『소의신편』, 국사편찬위원회, 1975, 117쪽

상투와 원메의 보존 여부에 따라 화이와 인수의 결판이 난다고 간주했다. 다시 말하면 이는 개화와 수구의 문제로 귀착된다. 상투와 원메가 문명과 사람을 상징하고 수구와 자주를 의미한 데 비해, 삭발과 변복은 오랑캐와 짐승을 상징하고 개화와 예속을 의미했던 것이다. 변복령과 단발령은 이처럼 한민족의 자존에 결정적 충격을 준 사건이었으며, 의병 봉기를 추진하는 동력이 되었다.

이처럼 의병 봉기의 직접적인 기운은 변복령이 내려진 직후인 1895년 초부터 일렁이고 있었고, 이어진 을미사변과 단발령이 결정적 계기가 되었다. 여기서 변복령과 단발령은 화이인수론적 명분의 문제에서 맥락을 같이하며, 또 이 두 사건과 을미사변은 모두 이후 지속적으로 펼쳐진 항일투쟁의 정신적 진원지가 되었다는 점에서 맥을 같이한다.

전기의병이 전국적으로 봉기하게 되는 배경은 곧 이강년이 의병에 동참하게 된 동인이기도 하다. 뒷날 그의 행적을 정리한 기록들을 보아도 한결같이 일제 침략으로 조선이 처한 외적인 위기 상황을 그가 의병에 투신한 배경이자 원인으로 언급하고 있다.

단발령을 알리는 「지령」(음력 1895년 11월 15일)

나라의 운수가 불행하여 왜적의 화가 날로 더하였다. 일본은 통상과 수호를 빙자하고 우리를 현혹하더니, 마침내 국모를 시해하는 변고가 있었고, 뒤따라 머리를 깎고 복색을 고치는 화가 일어났다. …… 공(이강년 - 필자 주)도 이때 고향 문경에서 의병을 일으키고 ……

－「창의일록」, 『국역 이강년전집』, 청권사, 1993, 283쪽

고종 병인년에 양요가 있은 지 얼마 아니 되어 왜인이 말썽을 일으켜 매양 깊이 침범하더니 갑오년에는 적신이 왜인을 이끌어 궁궐을 범하고 을미년에는 적신이 또 왜인을 이끌어 궁궐 안으로 들어가 국모를 시해하고 임금의 머리를 깎았으며, 선왕의 문물제도를 모두 혁파하여 바꾸었으니 민심이 흉흉하고 두려워하여 마치 깊은 골짜기에 떨어진 것 같았다. 공이 이를 부끄러워하고 분개하여 몸을 돌아보지 않고 가재를 흩어 의병을 일으켰다.

－「묘갈명」, 『국역 이강년전집』, 청권사, 1993, 136~137쪽

(을미년의 절박한 시국상황에서 - 필자 주) 공이 땅을 치며 크게 슬퍼하여 말하기를 "5백 년 예의의 나라가 오랑캐가 된다는 말인가. 수천 년 성인의 대도가 분양糞壤이 된단 말인가. 이 지경에 이르러서는 사생화복을 돌아볼 겨를이 없다" 하고 드디어 가재를 흩어 군사를 모았다.

-「행장」,『국역 이강년전집』, 청권사, 1993, 113~114쪽

위의 인용문에서 알 수 있듯이, 이강년은 다른 유생들의 경우와 마찬가지로 일제의 침략정책과 정부의 개화시책의 혼재 속에서 이루어진 변복령, 을미사변, 그리고 단발령 등 연속되는 사건들에 충격을 받고 거의한 것이다.

의병 봉기

단발령이 내려진 직후 전국 각지에서 의병이 벌떼처럼 일어났다. 고향 문경에 머물던 이강년은 즉시 의병 대열에 동참하려 했다. 문경 근처에 의병이 일어난 곳은 충청북도 제천과 경상북도 안동 두 곳이었다. 이강년은 두 곳 가운데 지리상으로도 가깝고 유림세력이 성대한 안동으로 갔다.

안동에서는 서산 김흥락, 척암 김도화 등 유력 인물들의 주창에 따라 1896년 1월 20일 안동부 삼우당三隅堂 앞뜰에서 1만여 명이 운집한 가운데 의진을 편성했다. 권세연權世淵(1836~1899) 의병장 아래 부장에 곽종석郭鍾錫(1846~1919)이 선임되고 그 이하 중군장·선봉장·좌익장·우익장 등으로 편제를 갖추었다. 향교에 본부를 둔 안동의병의 기세가 충천하

게 되자, 그날 새벽 안동관찰사 김석중金奭中은 야음을 틈타 예천 방면으로 도망했다. 이강년이 안동의병의 성세를 듣고 합류하고자 길을 떠난 때가 바로 이 무렵이었다.

하지만 예천으로 물러나 있던 김석중이 다시 안동부로 밀고 들어오면서 사태가 급변했다. 1월 29일(음력 12월 15일) 안동부에서 벌어진 전투에서 의병은 패산했고, 주민들도 많은 상해를 입었다. 당시 참경을 목격한 이긍연이 "옛사람들이 지은 역사책에서나 볼 수 있던 일을 내가 어찌 직접 볼 줄 알았겠는가"라고 탄식할 정도로 마을의 상황은 처참했다. 이강년이 안동에 당도했을 때는 이미 의진이 처참하게 무너지고 의병들도 사방으로 흩어진 직후였기에, 허탈한 심경으로 발길을 돌릴 수밖에 없었다. 안동에서 문경으로 돌아온 그날은 병신년 설날이었다.

그 뒤 이강년은 제천의진이 기세를 올리고 있다는 소식을 듣고 그곳에 합류하기 위해 직접 의병을 모아 의진을 편성했다. 문경 완장리에서 괴산의 삼송리 쪽으로 넘어가는 밀재의 고갯마루에 있는 주막 밀령점密嶺店에서 산포수 10여 명을 모아 종제從弟의 집에 있던 총검으로 무장했다. 이강년은 이들을 거느리고 2월 23일(음력 1월 11일) 도태 장터로 가 300여 명의 의병을 규합하여 거의했다. 다음은 이때 이강년이 시장 사람들을 모아놓고 한 연설이다.

나라의 원수는 마땅히 갚아야 하고 부모의 유체遺體는 당연히 보전해야 한다. 여러분은 모두 종군하라. 영을 어기는 자는 벨 것이다.

－박정수·강순희 편, 구완회 역, 『국역 창의사실기』, 2014, 17~18쪽

안동관찰사 김석중을 처단한 농암   개천 건너편이 장터이다.

국모가 시해당한 격분과 단발령에 대한 반감이 한꺼번에 표출되어 거의를 촉구했음을 알 수 있다. 도태 장터에서 의병을 일으킨 이강년은 근처 왕릉旺陵 장터로 즉시 내려가 전열을 가다듬었고, 종제 이강수李康壽가 전토를 담보로 마련해준 군자금 200금金으로 군량미를 확보했다.

이강년이 왕릉 장터에서 거의한 직후에 군중이 안동에서 도망쳐온 안동관찰사 김석중과 순검 이호윤李浩允·김재담金在覃 등 세 명을 잡았다. 삭발하고 도망하던 김석중은 안동 주민들에게 단발을 강요했을 뿐만 아니라 군대를 동원하여 안동의병을 공격해 패산하도록 하여 주민들 사이에 원성이 자자하던 인물이었다. 이에 이강년은 김석중 일행을 끌고 가 농암 장터에서 목을 베었다. "난신적자는 사람마다 벨 수 있다[亂臣賊子 人人得誅]"는 춘추의 명분과 의리를 내세우고 이들을 처단함으로써 거의의 신호탄을 쏘아올린 셈이다. 도태 장터에서 의병을 일으킨 지 이틀 뒤인 2월 25일의 일이다.

이 무렵 이강년은 의병을 일으키면서 향후 활동 방향을 협의하고 공

문경 고모성(석현성) 이강년이 첫 전투를 벌인 곳이다.

동전선을 구축하기 위해 호서지방으로 전령을 보냈다. 전령은 이 무렵 충주에 주둔하고 있던 제천의진의 중군장 이춘영李春永이 보낸 편지를 이강년에게 전해주었다. 그 편지의 요지는 "이번에 익장翼將 한 사람을 보내어 작은 병력을 거느리게 했으니 모름지기 힘을 합쳐 일을 이루기를 바란다"는 것으로, 남하중인 제천의병의 한 부대와 연합하여 항일전을 수행하기를 희망한다는 내용이었다.

이강년은 남하하는 제천의병을 맞이하기 위해 의병 500명을 거느리고 그 길목인 모곡茅谷(현 문경시 마성면 모곡리)으로 행군하여 주둔했다. 하지만 기다리던 부대가 나타나지 않자, 이강년은 비교적 방비가 견고한 석현성石峴城으로 들어가 기다렸다.

고모성 전투

이강년이 주둔한 석현성은 고모성姑母城의 방비를 돕기 위해 이어 쌓은

익성翼城으로 고모성의 연장이다. 이런 견지에서 보자면 고모성과 석현성은 같은 성곽에 대한 다른 이름이라고도 할 수 있다. 『창의사실기』에 고모성은 '고성姑城'으로 표기되어 있다.

석현성에 주둔한 이강년 부대는 이튿날 아침 고모성을 공격해온 관군과 치열한 전투를 벌였다. 이강년 부대는 신규로 모집하여 방금 편성한 부대로, 무기와 탄약조차 제대로 갖추지 못한 상태에서 관군의 기습 공격을 받았던 것이다. 오전부터 거의 반나절 동안 벌어진 전투 결과, 의병 측은 참패를 당해 흩어지고 말았다. 이강년 부대의 포수 심거벽沈巨璧은 전사했으며, 고모성 성문과 성 안에 있던 마을은 잿더미로 변했다. 이강년으로서는 창의한 뒤 처음 치른 전투에서 쓰라린 패배를 맛본 셈이었다.

제천의병 합류

제천의진의 유격장

고모성 전투 후 이강년은 향후 활동 방향을 새롭게 모색해야 했다. 남하한 제천의병 세력과 연대하는 데 더 이상 집착할 수 없게 되었으니, 그는 남은 의병을 수습한 뒤 다시 안동을 찾았다. 그때까지도 이강년은 안동의진에 미련을 두고 있었다. 하지만 이강년이 도착했을 때 안동의진의 내부 상황은 몹시 어지러웠다. 초기 전투에서 안동의진이 와해된 책임을 두고 권세연 의병장의 사퇴 논의가 있는 등 의진 내부 문제가 제대로 수습되지 않아 활동의 방향성조차 가늠하기 어려운 실정이었다. 이

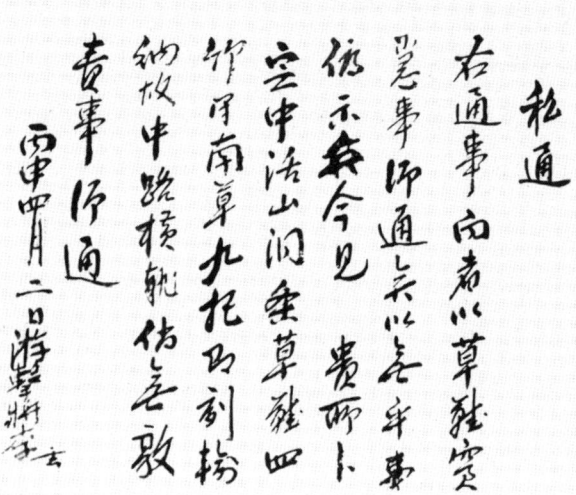

유격장 이강년의 필적 '사통(私通)'(1896)

강년은 의병장 권세연을 만나 방책을 강구했으나 아무런 합의를 볼 수 없었고 새로운 비전을 제시할 수도 없었다. 결국 이강년은 안동의진과 연합하려 했던 초기 활동 방략을 포기하고 새로운 전략을 강구하게 되는데, 성세를 한창 떨치고 있던 제천으로 직접 찾아가는 것이었다.

안동에서 사흘을 머문 뒤 이강년은 제천으로 올라가 유인석 휘하에 들어갔다. 그날이 곧 3월 12일(음력 1월 29일)로, 제천의병이 성세를 떨치고 충주성을 장악했으나 관군의 탄압에 못 이겨 본거지인 제천으로 돌아온 직후였다. 이강년은 진중에서 유인석에게 군례를 올리고 문하의 예를 갖추면서 사제 간의 연을 맺었다.

『창의사실기』에는 안동을 떠나 제천으로 가서 유인석의 휘하에 들어가기까지의 정황이 다음과 같이 기술되어 있다.

> 안동부의 의병은 기율이 없고 구해달라고 부탁하였으나 역시 어려웠다. 사흘 머물고 제천의진으로 가니 이때가 (음력 1월 - 필자 주) 29일이었다. 명함을 들여보내고 주장主將인 의암 선생을 뵙고 공손하게 막료의 예를 행하였다. 의암 어른은 정성스럽게 대하여 주면서 덕과 의리를 가르치시니 다른 사람에게 잊을 수 없도록 하는 것이었다.
>
> – 박정수·강순희 편, 구완회 역, 『국역 창의사실기』, 2014, 21쪽

구국의 의병전선에 투신한 이강년은 안동을 포기하고 제천으로 올라와 유인석과 조우함으로써 비로소 자신의 항일 의지를 구현할 수 있는 토대와 여건을 마련할 수 있게 되었다. 제천의진에 합류한 이강년은 불과 이틀 뒤에 뛰어난 전투력을 인정받아 유격장遊擊將에 임명되었다. 유격장은 그 직명에서도 짐작되듯이 탁월한 기동성과 전투력을 갖춘 정예부대를 거느리는 장수를 뜻한다.

수안보 전투

유격장에 임명된 이강년이 유인석에게서 부여받은 첫 임무는 군사 요충지이자 일본군 병참이 있던 수안보를 공격하는 것이었다. 당시 제천의병은 가흥可興(현 충주시 중앙탑면 가흥리)과 안보安保(현 충주시 수안보면 안보리)에 주둔하던 일본군을 제압하지 못하면 앞으로 나갈 수도 없고 근거지를 지킬 수도 없는 형편이었다. 병참의 일본군은 1894년 청일전쟁 때

이강년이 공격한 수안보의 일본군 병참 자리

그들이 설치한 부산에서 서울에 이르는 통신선을 지키고 있었고, 이미 동학농민군을 잔인하게 탄압한 전력으로 악명을 떨치고 있었다.

의병장 유인석은 가흥과 안보의 일본군 병참을 동시에 공격하기로 했다. 충주로 나가는 길목을 방어하던 후군과 좌군, 우군과 선봉을 함께 동원하여 가흥을 치도록 하고, 이강년에게는 청풍의 서창西倉(현 제천시 한수면 서창리)을 방어하던 전군장 홍대석洪大錫과 힘을 합쳐 안보를 치도록 했다.

이강년은 안보를 공격하기 위해 유격장에 임명되자마자 제천을 떠났다. 통상 90명을 성원으로 하는 초哨를 단위로 할 때 6초, 곧 500명 규모의 의병을 거느리고 3월 19일(음력 2월 6일) 안보의 남산에 이르렀다. 이 날 새벽에 산에 올라 일제히 사격을 개시하며 공격을 결행했으나 오후까지 계속된 전투에서 일본군 2명을 사살하는 것 외에 별다른 전과를 거두지는 못했다. 결국 일본군의 방어망을 뚫지 못한 채 안보 병참을 포기해야 했다. 안보 점령에 실패한 이강년은 부대를 이끌고 일단 덕주산성德周山城(현 제천시 한수면 송계리 소재) 남문으로 철수했다.

조령 주둔과 방어

수안보 전투 후 이강년은 유인석 의병장에게서 새로운 임무를 받았다. 영남으로 내려간 서상렬徐相烈이 거느린 영남 7읍 연합의진이 작전 중이던 상주 태봉의 일본군 병참 공격을 외곽에서 지원하는 것이었다. 곧 태봉과 안보 두 곳에 주둔 중인 일본군이 상호 연동할 수 없도록 그 중간 길목인 조령을 차단하는 임무였다.

이강년은 군사 9초(약 900명)를 거느리고 중군장 윤기영尹基榮과 함께 조령 관문을 방어하기에 가장 적합한 고개 초입의 평천枰川(현 문경읍 평천리)으로 진군하여 길목을 지켰다. 이때가 음력 2월 13일이었다.

조령에 도착한 이강년은 먼저 군기고를 점령하여 탄환·유황·조총 등 모두 62짐[負]의 무기를 챙겨 동원촌東院村(현 문경시 상촌면 동원)에 주둔했다. 하지만 이때 임세연林世淵이 관군 10여 명을 이끌고 근대식 소총인 양총을 쏘면서 공격해오자, 의진이 와해되고 군사들이 동요하는 등 한때 전열이 무너지다시피 했다. 중군장 윤기영조차도 겨우 화를 면할 만큼 큰 곤경을 겪었다.

한편, 이 무렵 이강년은 사태가 급박하게 돌아가자 가까운 적성赤城(현 문경시 동로면 적성리)에 주둔한 예천의진 중군장 장문근張文根에게 구원을 요청했다. 그러나 500명을 거느리고 있었음에도 장문근은 이강년의 구

이강년이 주둔했던 조령 아래 평천 마을 원경

원 요청을 끝내 외면했다. 이강년이 처했던 고단한 형세는 차마 말할 수 없을 정도였다. 집에서 오는 서신을 열어보지도 않고 태워버렸다는 기록이 그러한 당시 상황을 생생히 전해준다.

이강년은 그 뒤 한동안 주로 조령 아래 평천에 머물면서 안보 병참에서 출동한 일본군의 동향을 감시하고 견제했다. 한때는 부대를 나누어 영산곡靈山谷(현 문경읍 팔영리 영산)과 구룡소九龍沼(현 문경읍 중평리 구룡섭들) 등지에 주둔하며 문경 관군과 전투를 벌였고, 적이 도망치자 이들을 쫓아 당포까지 10리를 추격했다. 이때 관군이 평천의 개음蓋陰(개그늘) 마을의 민가를 불태워 그 참상이 차마 볼 수 없을 지경이었다고 한다.

조령을 방어하기 위해 문경으로 갔던 이강년은 얼마 뒤 대장소가 있는 제천으로 귀환했다. 전군장 홍대석洪大錫이 이때 안보의 일본군 병참을 공략하겠다고 하면서 이강년에게 다시 조령의 길목을 끊어달라고 요청해왔다. 이강년은 조령으로 출동했으나, 홍대석은 약속을 어기고 안보를 치지 않았다. 서창으로 들어오는 경군을 막아야 한다는 이유에서였다.

  그 뒤 홍대석은 대진의 종용을 받고 안보로 출동했으나 행군 도중에 일본군의 공격을 받아 패하고 말았다. 이후 이강년은 문경 관군을 상대로 격전을 치루면서 잠시 평천에 주둔했다가 동창東倉(현 제천시 한수면 송계리 창말)을 거쳐 다시 제천으로 환군했다.

의진 해산

전국 각처에서 의병이 일어나 활동하고 있는 동안 중앙에서는 중대한 정국의 변화가 일어났다. 을미사변 이래로 친일내각에 포위된 채 불안과 공포 속에서 지내던 고종이, 의병을 탄압하기 위해서 경군이 지방으로 출동한 틈을 타 1896년 2월 11일 러시아 공사관으로 파천했던 것이다. 그 결과 김홍집金弘集 친일내각은 무너지고 이범진·이완용·윤치호 등을 중심으로 친러내각이 조직되었다. 새 내각은 그동안 어수선해진 민심을 수습하기 위해 단발령을 철회하는 한편, 각 지방으로 선유위원을 파견해 의병을 해산했다. 화서학파의 대선배인 면암勉菴 최익현崔益鉉(1833~1906)도 이때 이도재·신기선 등과 함께 선유위원으로 임명되었으나 이를 거절했다.

  제천의병도 아관파천을 고비로 활동에 제약을 받아 점차 기세가 누그러졌다. 그 가운데서도 민심이 점차 의병을 외면하게 되었다는 점은 앞으로 활동을 지속하는 데 심각한 제약이었다.

> 삭발의 화가 급박할 적에는 인심이 의병을 바라기를 배고프고 목마를 때 음식 구하듯 한 고로 모열憮悅하기 한이 없었을 뿐만 아니라 비록 가산이 기울어도 애석한 마음을 가질 겨를이 없었다. …… 삭발의 화가 중지되자 인심이 누그러져 마치 태평한 시절로 알고 도리어 의병을 싫어하고 괴롭게 여겼다.
> ―이정규, 「종의록」, 『항재집』 권7, 10쪽

이처럼 거의 초기에 의병을 모열하던 마음은 단발령 철회와 함께 사라지고, 민심은 의병을 외면하는 입장으로 돌아섰다. 의병이 민심의 절대적인 호응을 기반으로 일어났던 만큼 의병 인력과 군수물자 대부분이 일반 민간에서 염출되던 실정이었다. 그러므로 민심이 의병에서 떠났다는 사실은 의병의 기세를 약화하는 중대 요인이었다.

게다가 의진 내부의 규율도 점차 해이해져 "속된 선비와 어리석은 사람들은 의진의 직책을 권좌로 알고 참모·종사를 조정의 관작처럼 구하여 혹은 서로 붕당하고 혹은 서로 반목하여 군중의 분위기가 빙판처럼 싸늘해졌다"고 할 정도였다. 이러한 현상은 거의 직후 의기충천하던 분위기와 비교해 차이가 컸다.

이 무렵 중앙에서 파견된 선유사 장기렴張基濂이 제천의병을 압박하며 해산을 종용해왔다. 단발령이 철회되고 을미사변의 원흉격인 김홍집 이하 친일세력이 와해된 지금에는 거의할 명분이 없어졌으므로 즉시 의병을 해산해야 한다는 주장이었다. 제천의병장 유인석은 이러한 주장에 대해 다음과 같이 반박하며 의병 해산을 완강히 거절했다.

10적의 무리(개화파 - 필자 주)가 포열布列해 있는 것이 전과 같고, 왜적의 병참이 배치되어 있는 것이 전과 같고, 복색을 바꾼 것이 전과 같고, 관제의 변혁과 주군州郡의 혁파가 전과 같다.

- 「서행시재정선상소」, 『소의신편』, 국사편찬위원회, 1975, 9쪽

개화정책이 시행되고 있는 상황에서는, 특히 일제의 세력이 완전히 구축되지 않는 한 결코 의병을 해산할 수 없다는 논리다. 장기렴이 이끄는 경군은 청풍의 황강黃江(수몰지인 한수면 소재지)을 거쳐 서창으로 들어왔다. 유인석은 이강년에게 정운경·홍대석 등과 함께 북창 등지를 분담하여 지키게 했다. 경병이 황석黃石(청풍면 황석)까지 이미 진입했으므로 서창의 방어선에서 더 물러선 것이다. 이때 북창 수비를 함께 맡은 홍대석과는 안보의 일본군 병참을 공략하는 문제를 두고 몇 차례 알력이 있었다.

이강년이 충주로 파견되어 경병의 동향을 살피고 의병의 정당성을 주장하는 선전 활동까지 한 것은 이러한 배경이 작용했기 때문이다. 이즈음 홍대석은 결국 전군장을 사퇴했고 그 자리를 정운경이 맡았다. 게다가 1896년 5월 23일 이강년은 우군장에 올랐다. 원규상元圭常이 우군장을 사임했기 때문에 운강이 그 자리를 대신했던 것이다. 장기렴의 경병이 압박해오면서 상황은 이처럼 긴박하게 돌아갔다.

장기렴이 이끄는 관군은 5월 26일, 마침내 제천 공략에 나서 대규모 공세를 가했다. 의병들은 이들과 맞서 있는 힘을 다해 싸웠으나 전력의 열세로 결국 제천이 함락되었다. 이날 전투에서 중군장 안승우와 그의

제천의병 지휘소가 있던 아사봉 전경(제천시 중앙동)

문인 홍사구(洪思九)가 전사해서 의진의 사기는 더욱 저하되었다. 이강년은 제천이 함락당하고 안승우가 전사했다는 소식을 듣고 식욕을 잃을 정도로 큰 충격을 받았다.

제천의병은 제천 수성전 패배로 말미암아 실로 결정적인 타격을 입어 줄곧 수세에 몰렸다. 유인석은 단양으로 퇴각하여 전열을 수습한 뒤 장기·지속적인 항전을 펼치기 위해 새로운 전기를 마련해야 했다. 이때 서상렬은 유인석에게 다음과 같은 '북상도강' 방책을 건의했다.

> 이제 현(轅)을 바꾸고 바퀴를 교체하지 않을 수가 없게 되었으니(전열을 재정비해야만 하니 - 필자 주) 양서 지역으로 가서 강용한 사졸을 다시 모아보고 만약 이것도 실패하면 또한 강토를 떠나 뒷날을 도모하자.
>
> - 원용정, 「복은(卜隱)」, 『소의신편』, 국사편찬위원회, 1975, 243쪽

일단은 황해도·평안도 등 양서 지역으로 들어가 1차 재기항전을 시도해보고 이것이 불가할 경우에는 서간도로 들어가 2차 재기의 기회를 기다리자는 것이다. 이 주장이 전적으로 서상렬 한 사람의 독자적인 의견이라 할 수는 없지만, 유인석도 여기에 적극 공감했다. 의병을 일으킨 초기에 벌써 유인석은 양서 지역의 강병에 착안했으며, 이에 따라 모병을 위해 유치경·이필희·정화용 등을 미리 파견해놓았다.

단양을 떠난 제천의병은 충주·음성·괴산 등지를 전전한 뒤 6월 10일(음력 4월 29일) 강천康川(현 여주시 강천)에서 드디어 서북행의 장도에 올랐다. 그 뒤 영월·평창·인제·평강·양덕·영흥·맹산·덕천·영변·운산 등지를 지나 8월 28일(음력 7월 20일) 천신만고 끝에 압록강변의 초산에 도착했고, 그곳 아이성阿夷城에서 압록강을 건너 서간도로 갔다. 8월 29일 그곳까지 따라온 219명의 의병을 해산함으로써 유인석이 거느린 제천의병의 활동은 공식적으로 종료되었다. 이후 유인석은 서간도에 수의守義하면서 장기지속적인 항일투쟁으로 그 방향을 전환해갔다.

한편, 이강년은 제천이 실함된 뒤 군사들을 이끌고 단양으로 갔으나 본진에 합류하지 못했다. 이어 영월까지 들어갔지만 역시 길이 막혀 더 이상 따라갈 수 없었다. 이강년은 재기를 모색하기 위해 소백산으로 들어갔으나 이미 대세를 돌이킬 수 없어 7월(음력)에 이르러 부하들을 해산했다. 1896년 이강년의 의병투쟁은 이로써 종료되었다.

근 반년에 걸친 그의 의병투쟁은 인접 의진과의 연대를 도모하면서 출발했다. 거의 초기, 안동의병에 애착과 희망을 갖고 연계를 시도했지만 여러 사정상 소기의 성과를 거둘 수 없었다. 안동의병에 이어 그가 착안한 대상은 제천의병이었다. 제천으로 북상하여 유인석과 연계함으로써 그는 제천의진의 핵심 전력 가운데 일익을 담당하는 유격장이 되어 발군의 전투력을 발휘했다.

제천의병에 합류한 당시 이강년의 활동 영역은 문경·제천·충주 일대였다. 특히 영남·호서의 교통로인 조령을 방어함으로써 일본군의 연동 작전을 차단하는 것이 그 주된 임무였다. 나아가 그는 조령 방어와 연계되어 안보의 일본군 병참을 공략하기 위해 전력을 다했다. 비록 안보 공략이 소기의 성과를 거둘 수 없었다고 하더라도 항일전에 투신한 이강년의 강한 투쟁성을 생생히 보여주는 증좌이기도 하며, 뒷날 항일전에 다시 투신하여 전국의 의병전쟁을 선도하는 대표적인 의병장으로 활약하는 토대를 마련했다는 점에서 전기의병 투쟁의 의의를 평가할 수 있다.

학문과 사상

의암 유인석 문하 입문

화서華西 이항로李恒老(1792~1868)를 비조로 하는 화서학파는 조선 말기의 대표적인 학파 가운데 하나로, 주리론의 관점에서 춘추대의적 의리와 명분에 따른 위정척사衛正斥邪 사상과 존화양이尊華攘夷 사상에 철저히 경도되어 있었다. 이러한 학문·사상적 성향은 최익현을 필두로 유인석·이소응·박장호 등 화서학파의 주요한 성원들을 대거 항일독립운동에 투신하게 하는 동인이었다. 한국근대사, 독립운동사에서 화서학파가 차지하는 역할과 비중을 결코 간과할 수 없는 이유가 여기에 있다. 근년 경기도 양평에 건립된 '화서연원독립운동기념비'에 명기된 인원이 700여 명에 달하는데, 그 규모와 범위를 보면 화서문파가 독립운동에 기여한 정도를 넉넉히 짐작할 수 있다.

화서학파의 비조 이항로

이강년은 의병 항전을 전개하는 도중에 39세 장년의 나이에 의암毅菴 유인석柳麟錫(1842~1915)과 사제관계를 맺으면서 학문과 사상을 체계화할 수 있었다. 한말 의병의 상징적 인물인 유인석은 이때 55세의 완숙기에 접어든 대학자로서, 화서 이항로에서 중암重菴 김평묵金平默(1819~1891), 그리고 성재省齋 유중교柳重敎(1832~1893)로 이어지는 화서학파의 적통嫡統을 이어받은 종장이다.

이강년은 1896년 3월 그동안 서신왕래를 통해서 연합전선 구축을 계획하던 유인석을 찾아 제천으로 가서 막료의 예를 올리고 군중에서 사제의 의誼를 맺어 일생 동안 그를 스승으로 섬겼다. 이후 그는 평생토록 춘추대의적 의리와 명분에 입각한 존화양이 사상을 근본으로 하는 화서학파의 학문 요체를 체인體認했다.

이강년은 진중에서 유인석 문하에 들어간 뒤 평생 그를 인생과 학문의 스승으로 여겼으며, 항일전 수행 과정에서는 정신적 지주로서 깊이 신뢰했다. 그가 남긴 여러 문장 속에는 유인석에 대해 절대적으로 경복敬服한 그의 의식세계가 다양하게 표출되어 있다. 을사조약 후 재기항전에 들어간 그는 유인석에게 올리는 글에서 "난적을 토벌하고 원수 오랑캐를 멸해 나라의 옛 법도를 회복코자" 의병을 재기한 것으로 그 목적을 천명한 뒤, 다음과 같이 말했다.

성인의 대도를 삼가 지키는 것은 (의병을 일으킨 것은 - 필자 주) 바로 평소 (선생의) 문하에서 강론하여 가르침을 받아 하늘과 땅 사이에 옳을 '의義' 한 자가 있음을 알아 굳게 가슴 속에 간직하고, (저의) 한 몸 있음을 알지 못한 것입니다.

- 「답상의암선생」 무신년 2월 12일, 『운강선생유고』 권1

이강년의 스승 유인석

자신의 재기항전 투신이 곧 존화양이의 의리를 요체로 한 스승의 가르침을 실천하는 과정이라고 밝힌 것이다. 실천을 전제로 한 유인석의 학문과 사상은 이강년에게 직접적이고 강한 영향을 미쳤음을 짐작할 수 있다.

이강년은 1896년 7월(음력) 소백산에서 휘하 의병을 해산한 뒤 단양 금채동金采洞으로 들어가 잠시 노모를 모시고 은신해 있었다. 이듬해인 1897년 5월에는 스승 유인석을 만나기 위해 단신으로 서간도로 들어갔고, 그해 7월 귀국하게 된다. 그러나 이강년이 서간도에 들어가 체류한 시기와 기간을 확실하게 밝혀줄 수 있는 자료가 많지 않다.

『창의사실기』의 기록도 전해들은 이야기, 곧 전문傳聞에 근거한 것으

유인석의 서간도 수의처인 통화현 오도구(현 유하현 오도구)

로 밝히고 있으며, 이정규가 지은 이강년의 「행장」에서는 서간도 방문에 대해 "유 선생이 군사를 거느리고 요동으로 건너가시니 공이 뒤이어 (요동으로 - 필자 주) 나아갔으나 일이 뜻대로 되지 않아 부득이 환국하였다"고 서간도를 여행한 사실만 기록하고 있다. 또 「묘갈명」에서는 "의암이 군사를 이끌고 요동으로 건너감에 곧 공도 칼을 차고 따라갔으나 군사를 부릴 수가 없어 도모하기가 어려웠기에 해를 남짓 다시 환국하였다"라고 하면서 1년 남짓 체류했다고 기술하고 있다.

1897년 서간도 망명지에서 유인석이 이강년에게 보낸 다음 답신은 이강년이 그 무렵 서간도로 건너가 유인석을 상면한 사실을 명확히 입증한다.

대저 만고의 대의를 일으키기 위해서이지만 그 일이 실로 장하고, 만 리 이역까지 찾아와 그 정의가 실로 두텁다. 그 뜻이 실로 장하고 그 우정이 실로 깊은 이상 서로 면려하지 않을 수 없다. 반드시 그 덕을 굳게 하여 사악한 세상에 어지러워지지 않게 해야 하고 반드시 그 일을 바르게 하여 공의에 어그러지지 않게 해야 한다. 대인의 행동은 반드시 준칙이 있어야 하고 필부의 용맹은 반드시 경계해야 한다. 모름지기 그 정성을 다하고 그 힘을 다해 예의의 나라를 회복할 수 있으면 회복하고 화하華夏의 제도를 지킬 수 있으면 지켜야 하는데, 이 두 가지는 반드시 해내고 말아야 한다.
― 「답이낙인강년」 정유년, 『의암집』 권17

이강년이 만 리 이역 수의처인 서간도로 자신을 찾아온 그 두터운 정과 의리에 깊이 탄복한다는 내용이다. 나아가 천성이 강직한 이강년에게 명분과 의리에 따른 정당하고 떳떳한 처신을 당부하고 기대하는 신심이 절절히 배어 있다.

서간도에서 환국한 뒤 이강년은 학문 수양에 진력하는 한편, 화서학파의 공동사업에도 적극적으로 참여했다. 이강년은 이 무렵 학문과 사상이 가장 완숙한 경지에 올랐다. 다음과 같은 기록을 통해서 학문에 매진하던 이 시기의 분위기와 스승에 대한 경복의 정도를 짐작할 수 있다.

학문 강론에 깊이 정성을 쏟아 즐거이 근심을 잊었고, 또 의암 선생에게 깊이 감발感發되어 항상 말하기를 "나에게 을미, 병신의 의병 일이 없었다면, 의암 선생의 문하에 들어올 연유가 없었으리니 심히 저급한 정도의 사람에 그치고 말았을 것이다"라고 하였으니, 그 기뻐서 따르는 마음을 알 수 있는 것이다.

― 박정수·강순희 편, 구완회 역, 『국역 창의사실기』, 2014, 28쪽

이강년은 이 무렵 호남과 영남 각지를 유람하며 이름난 선비들과 교유하면서 성리性理와 전고典故, 예악 등에 대해 토론하며 자기수양에 진력했다. 또한 1899년 충주 유림이 이항로의 문집을 간행할 때 적극적으로 협력하여 호남까지 가서 문집 출판 일을 의논했다. 그 후 문집이 완간되었을 때는 문집을 가지고 평안북도 태천까지 올라가 양서 지방 동문들에게 배부하는 등 화서학파 공동 사업에 헌신적으로 참여했다. 그리고 이때 흠뻑 배양된 춘추대의적 존화양이 사상은 항일정신을 더욱 강화시켜줌으로써 후기의병에 다시 투신할 수 있게 한 원동력이 되었다.

존화양이 항일사상

조선조 500년 통치 이데올로기인 성리학의 특성은 독존성과 배타성에 있다. 성리학의 의리와 명분론으로 무장한 재야의 유생들은 1894년 청일전쟁 이후 일제의 노골적인 한국 침략으로 야기된 위기 상황에서, 민족과 국가의 수호가 곧 인류 보편의 가치와 질서 수호라는 존화양이의 차원에서 인식했다. 항일의병의 이념적 기반이 된 위정척사론은 바로 이러한 존화양이 사상에 근저를 두었다. 그러므로 위정척사론과 존화양이 사상은 표리를 이루는 상호 불가분의 관계에 있었다.

조선 말기의 여러 학파 가운데서도 이강년이 속한 화서학파는 일제가 조선을 침략하는 시대 상황에서 항일투쟁의 이념적 연원이 된 위정척사, 존화양이 사상의 전형을 제시하고 있기 때문에 특히 주목된다. 항일 거의론으로 점층적으로 연결된 화서학파 존화양이론의 핵심은 소중화론小中華論이다.

유인석과 이소응李昭應 등 화서학파 유생들은 원래 중원을 차지한 중국이 요순 이하 하·은·주 삼대의 제왕과 공자·맹자·정자·주자 등의 성현이 적전嫡傳을 계승하고 예악 문물과 도덕 학문이 탁월하여 천하의 화맥華脈을 이어왔다고 인정했다. 한편 조선은 시조 단군과 '은사殷師'인 기자의 옛 강토로 일찍이 화華의 기틀을 열었지만, 신라·고려조에는 문헌이 이 사실을 입증하지 못했다고 보았다. 그 뒤를 이은 조선은 성왕 선정이 서로 이어 위로는 치교治敎가 밝게 되고 아래로는 풍속이 아름답게 바뀌어갔다고 여겼다. 이에 화하華夏의 명나라가 이적夷狄의 청나라에 멸망된, 곧 '신주神州가 육침陸沈한' 이후로는 조선이 중국에서 직접 화맥을 전수傳受하게 됨으로써 천하에서 유일하고도 당당한 소중화가 되었다고 본 것이다.

이러한 소중화론이 도출되는 과정에는 민족문화에 절대적인 가치를 부여하게 되는 동기가 내재해 있었다. 동시에 소중화인 조선을 최상위로 설정하는 인류문명에 대한 차등의식도 개재했다. 화서학파에서는 화華가 제왕의 승통承統과 성현의 연원淵源을 비롯해 예악문물을 통칭하는 완벽한 인류 문명의 실체를 의미하는 데 반해, 이夷는 화와 대립되는 개념으로서 지선극미至善極美한 영역의 화를 항상 파괴하려는 속성을 가지고 있다고 파악했다. 즉 화와 이의 관계가 영원히 화합할 수 없는 빙탄불상용氷炭不相容의 모순을 지닌 상극·투쟁관계로 설정되어 있다. 화서학파 인물들이 존화양이의 역사적 당위성과 필연성을 역설하게 되는 근본 입지는 바로 이러한 논리에 있었다.

화서학파 학문의 요체를 담은 『화서아언』

한편 화서학파 인물들은 1876년 개항 이래 조선에 침투하던 일제 침략세력을 과거 역사에서 설정되어온 이적과는 비교할 수 없을 정도로 사악하고도 교활한 '이'로 인식했다. 이러한 인식에서 제국주의, 곧 '양왜洋倭'가 소중화의 조선을 침범하는 시대 상황은 '만고에 없었던 대변[萬古所無之大變]'이 될 수밖에 없었다. 일제 침략은 곧 인류 문명의 실체인 '화'의 존폐 문제와 직결되어 있다고 보았기 때문이다. 거의한 화서학파 인물들이 일제 침략으로 야기된 시대적 고통을 국망과 친상親喪으로도 비길 수 없을 만큼 절실히 아프게 느꼈던 것도 같은 이유다. 이 점에 대해 유인석은 다음과 같이 단적으로 지적했다.

> 진실로 지금 우리나라에서 성도聖道와 화맥이 단절되는 그 통박痛迫함은 국망이 비길 바가 아니요, 비록 친상이라 할지라도 또한 비길 수가 없다. 국망과 친상도 그 통박함이 지극하나 예로부터 면하지 못해 사람마다 모두 겪는 것이고, 오직 성도, 화맥의 단절이란 가히 있을 수 없는 것인데 지금은 있게 되었다.
> - 「여이경기의신서(與李敬器宜愼書)」, 『소의신편』, 국사편찬위원회, 1975, 60~61쪽

유인석이 화맥의 단절을 국망과 친상보다 더 큰 고통으로 인식했다는

사실은 그가 화를 국가와 민족의 가치 수준을 넘어선 절대적인 상위 개념으로 규정했음을 의미한다. 환언하면 진정한 의미에서의 국가와 민족은 오직 화를 보전한 상태에서만 가능하고, 화가 단절된 상태의 국가와 민족은 차원을 달리하여 그 의미가 변질되고 만다는 결론이다. 이런 까닭에 국가와 민족보다 화를 더욱 강조했던 유인석의 논리를 결코 맹목적인 모화사상慕華思想의 발로라고는 단정할 수 없다.

유인석을 정점으로 하는 화서학파 거의 인물들의 존화양이론은 시간의 경과에 따라 변하는 역사적인 상황에 능동적으로 대응해가는 과정에서 이루어진 실천을 전제로 한 이론체계다. 다시 말해 1896년 의병 봉기 이전에 전개되었던 이항로의 존화양이론이 어디까지나 관념적인 단계에 머물러 있던 데 비하여, 유인석을 비롯한 거의 인물들의 존화양이론은 소중화론 등 화서의 이론을 철저히 계승했을 뿐만 아니라, 의병항전과 서간도 망명을 거치는 동안 또 다른 차원으로 발전하면서 강렬한 실천 논리를 표방하게 되었다. 이러한 점이 바로 화서학파 존화양이 사상의 특징이다.

이강년 역시 유인석을 비롯한 화서학파 인물들의 존화양이 사상을 철저히 계승했다. 격문 속에 나타난 이강년의 존화양이 사상의 한 단면을 살펴보자.

중화가 망하고 도가 멸하였으니 이보다 더한 변란이 있겠는가. 하물며 우리 동방은 신주가 육침한(명나라가 멸망한 - 필자 주) 이래 오로지 박상剝上의 석과碩果에 부응하여 학문의 정맥이 위로 주자에 접하고 신공神功을 배양함이 양한兩漢을 뛰어넘었는데, 이것까지 아울러 화를 입었다. …… 양맥陽脈을 부지함은 공이 이보다 큰 것은 없으며, 하늘의 뿌리[天根]를 보호함이 누가 이 소원이 없겠는가. 이미 조정 대신 가운데는 한 사람도 토벌을 청하는 이가 없는 까닭으로 초야의 많은 선비가 거병을 의론하는 것이다. …… (의병을 일으켜) 화이華夷의 위치를 안정시키고 충역忠逆의 명분을 바르게 한다면, 어찌 다만 한 나라의 공만 되겠는가. 실로 이것은 도를 만세에 보위하는 것이다.

- 「격고문」, 『국역 운강이강년전집』, 청권사, 1993, 80~81쪽

격문에 나타난 이강년의 존화양이론은 이항로에서 시작해 유인석에 이르기까지 일관된 화서학파의 역사정신을 온전히 계승한 것으로, 화의 수호·보존을 표방한 의병은 실로 도를 영원히 보위하도록 하는 절대가치를 지니게 된다는 논리다. 이강년은 유인석의 문하에 들어온 이래 화서학파의 학문에 깊이 경도되면서 화서 이래 선사先師들의 학문과 사상을 체인한 결과 이러한 논거의 틀을 정립할 수 있었다.

이강년은 일제가 한국 침략을 본격화한 이후 화맥이 실추되고 종사가 기울어가는 상황을 '온 세상이 다 같아진 것宇內大同'으로 보았다. 그리하여 그는 이적금수인 일제의 침략으로 말미암아 이 세상에서 조선만이 가진 문화적 독창성과 차별성이 파괴된 참담한 현실을 깊이 개탄하고 우려할 수밖에 없었다. 다음과 같은 탄식이 그 의식의 한 단면을 극명하게 드러내는 사례다.

나라는 망하지 않는 나라가 없고 사람은 죽지 않는 사람이 없으니, 나라가 이적이 되어 망하는 것은 차라리 슬퍼할 것 없다지만, 사람이 금수가 되어 죽는 슬픔을 가히 이길 수 있으리오. 우리 조선은 당당한 소중화의 나라로 빛나는 문명의 다스림이 있었으니, 삼천 리 강토가 어찌 원수 왜놈이 삼키게 될 줄 알았겠으며, 오백 년 의관문물이 분양糞壤에 빠지게 될 줄 생각하였겠는가.

화서학파의 정신적 성지였던 조종암(가평군 현리)
선조의 어필인 '재조번방(再造藩邦)' 각자가 보인다.

-「소격」 정미 7월, 『국역 운강이강년전집』, 청권사, 1993, 84~85쪽

아, 나라의 큰 변란과 시대의 큰 화란을 어찌 차마 말하리오. 이적금수의 입장에서는 이제 온 세상이 같아졌다고 하겠지만, 우리 도의 입장에서는 복희씨 이래로 내려오던 화하의 일맥이 여기서 끊어지니, 장차 어찌할 것인가. 통곡하고 통곡할 따름이다.

-「여왕참봉경시제하(與王叅奉敬時濟夏)」 정미 10월 27일, 『국역 운강이강년전집』, 청권사, 1993, 44쪽

이강년은 항일투쟁을 벌여 일제를 축출하고 국권회복에 성공하는가

여부에 따라 사람으로 남는가, 아니면 짐승이 되는가가 갈린다고 주장했다. 또 같은 맥락에서 의병을 일으킨 뒤 평창군 봉평 지역 사민에게 통고하는 글에서 화이론에 입각하여 통탄하면서 의병을 일으키게 된 시대적 상황을 논급했다.

> 4천 년 화하의 정맥과 2천 년 성현의 대도와 (조선) 5백 년 예의전형禮義典型과 3천 리 소중화 인민은 마침내 희망이 없이 금수의 굴속으로 빠져들고 마는가. 머리를 들고 하늘을 부르지만 하늘의 뜻이 막막하니, 통곡하고 또 통곡할 뿐이며, 내 어찌 하리오. 이 몸은 의리의 대종사大宗師(유인석 - 필자 주)의 문하에서 대략 가르침을 받아 존화와 양이, 그리고 토적과 복수, 네 가지의 큰 의리를 마음의 요체로 삼아 천하의 강적, 하늘을 같이 할 수 없는 원수와 더불어 사투를 벌인 지 10여 년에 …… 그 정리가 슬프고 그 형세가 외로웠다.
>
> -「통고봉평사민문」정미 12월 25일, 『운강선생유고』권1

절망적인 상황에서도 운강은 양陽은 다할[盡] 수 있는 이치가 없듯이, 하늘의 이치는 반드시 정도正道로 돌아온다는 이理의 떳떳함을 믿는다며 국권 회복에 대한 확신을 품었다. 이러한 논리는 이항로 이래 유인석에 이르기까지 화서문파의 인물들이 인류 문명의 지선극미至善極美한 상태, 화맥의 단절은 대자연의 섭리로 보더라도 있을 수 없다고 인식하고, 머지않아 일제가 패퇴하고 국권을 회복할 수 있으리라 믿었던 신념과 동일하다. 이러한 견지에서 볼 때, 운강의 '이의 떳떳함[理之常]'에 대한 확신은 화서학파의 실천적 학문의 요체를 그대로 전수한 것이다.

이강년은 강렬한 화이론적 의리관에 입각하여 항일전에 투신했기 때문에, 존화양이와 토적복수 두 가지를 거의의 목적으로 인식했다. 나아가 "비록 하루를 더하더라도 그만두는 것보다는 낫다고 여겨 천신만고로 천하에서 막강한 도적을 항거하니, 그 형세를 말하면 외롭고, 그 의리를 말하면 장하다"라고 할 만큼 강한 소명의식으로 항일전을 수행했다.

이강년의 강렬한 항일투쟁 의지는 스승 유인석이 의병 해산 이후 1898년 서간도 통화현通化縣 오도구五道溝에서 동문 지사들과 함께 항일의지와 내부 결속을 다지기 위해 약정한 「의체義諦」의 정신을 그대로 계승한 것이었다.

> 만고의 화하 일맥이 다 떨어진 나머지에 천신만고로 그 전형을 가까스로 보전하여 화하의 회복을 기다림이 진실로 정당한 마음이기에, 비록 하루 화하를 더하더라도 마는 것보다는 낫다. 이로써 심법을 지키는 계책을 삼아 옛날 우암 (송시열) 문하에서 전수한 "아픔을 참아 원통함을 머금고 어쩔 수 없었다[忍痛含寃 迫不得已]"는 여덟 자의 의미에 그윽히 비기노라.
> ─「재입요동약정의체(再入遼東約定義諦)」, 『소의신편』, 국사편찬위원회, 1975, 76쪽

거의 후 천신만고를 겪어오면서도 유인석을 정점으로 한 화서학파 거의 인물들이 위정척사와 존화양이에 얼마나 철저히 경도되어 있었는지를 충분히 짐작할 수 있다. 여기에는 단 하루를 살더라도 화와 함께, 즉 일제와 투쟁하면서 산다는 강렬한 항일 신념이 집약되어 있다.

재기항전에 대한 신념

이강년이 의병에 동참할 수 있었던 내적 동인은 앞에서 살펴본 대로 전기의병 시기에는 일제의 침략정책과 정부의 개화시책의 혼재 속에서 이루어진 변복령·을미사변·단발령 등 충격적인 사건이었다. 그 후 10년 뒤인 1907년에 이강년이 재기항전에 나서게 되는 동인에 대해서는 그가 직접 남긴 자료를 통해서 충분히 설명할 수 있다.

이강년이 재기항전에 나서면서 발포한 격문을 보면, 한말 일제침략으로 야기된 민족과 국가의 위기 상황을 다음과 같이 파악했다.

> 병자년 통상 도모가 실로 천하에 망국의 근본이 될 줄 누가 알았으랴. 좀도적이 안에서 다투고, 시랑豺狼은 밖에서 으르렁거려 형체를 허물고 의복을 고쳐 사람은 이미 짐승이 되고 나라는 오랑캐가 되었으며, 왕비를 시해하고 임금을 욕되게 하였으니, 거적으로 자리하고 창을 베게로 삼아야 한다.
> ─「격고문」, 『운강선생유고』 권1

1907년 의병 재기에 나선 이강년은 1896년 전기의병을 일으킬 때 스승 유인석이 견지했던 시대인식을 그대로 계승했다. 일제의 침략 단초가 곧 1876년 개항이라고 보고, 개항 이후에는 일제 침략세력, 그리고 그에 결탁한 국내 개화 친일파[蟊賊]가 연합해 나라를 망쳤다고 보는 이강년의 시각은 스승 유인석이 인식하던 시대관과 동일하다. 즉 유인석이 을미의병을 시작할 때 전국에 발표한 격문「격고팔도열읍檄告八道列邑」

에서 "해외 통상을 도모하는 것이 실상은 천하 망국의 근본임을 누가 알았으랴. 문을 열고 도적을 들이는 놈들은 소위 누대의 권세가들인데 이들은 자진해서 호랑이 앞의 창귀倀鬼 노릇을 하였다"고 개화파를 질타한 대목이나, "진실로 위급존망지추라, 모두 다 거적자리를 깔고 방패를 베개 삼아 물불을 가리지 않고" 일제 축출에 투신해야 한다고 역설한 논지를 이강년이 그대로 이은 것이다.

이강년은 또 개항 이후 일제에 의해 국권이 유린되던 실상을 다음과 같이 조목조목 언급하면서 격렬하게 규탄했다.

> 일본은 겉으로 교린을 빙자하여 안으로 간적奸賊을 불러 온갖 흉측한 도모로 화란을 불러일으켜 처음에 남의 의복을 허물고, 남의 머리를 깎고, 남의 옛 법도를 어지럽히고, 남의 습속을 변개하였다. …… 외관外官을 유인하여 손잡고, 안에서 배반하는 도적과 결탁하여 남의 군부를 욕보이고, 남의 국모를 시해하고, 남의 강토를 삼키고, 남의 재산권을 빼앗고, 남의 관부官府를 농락하고, 남의 신민을 핍박하였다. …… 마침내 남의 나라 임금을 위협하여 보위寶位를 옮기고, 핍박하여 남의 조정을 차지하고, 군대를 해산하고 말하기를 "인허를 받았다"느니 "순순히 속국屬國이 되었다" 느니 하였다. ─「통고각국영사관문」, 『국역 운강이강년전집』, 청권사, 1993, 90쪽

이강년이 재기항전의 기치를 내건 것은 을사의병이 일어난 이후 항일전이 전국적으로 차츰 확대 격화되던 1907년 5월쯤이다. 중기의병 시기에 일어난 다른 의병에 비해 재기한 시기가 다소 늦은 감이 있다. 그는

원래 1905년 을사조약 늑결 직후 곧바로 재기할 계획이었으나 불행하게도 병에 걸려 기회를 놓치고 말았다고 한다.

이강년은 을미의병 해산 이후 상당히 이른 시기부터 일관되게 재기항전을 염원하고 이에 집착했으며 그 필요성을 역설해 왔다. 그는 1897년 유인석에게 보내는 서신에서 의병항전을 중단한 것을 후회하고, 의병이 중지된 시대 상황을 '위급존망지추'라고 표현할 만큼 절박한 위기라 여기며 깊이 우려했다.

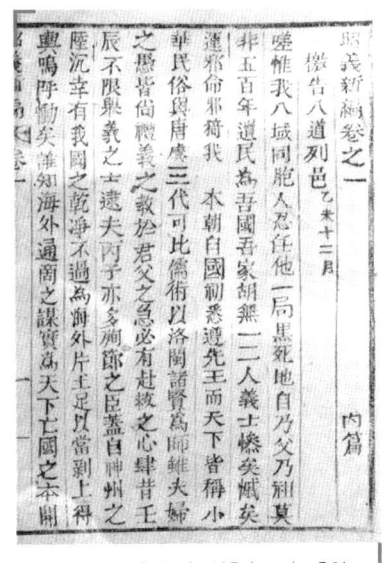

제천의병의 격문 「격고팔도열읍」(1896) 후일 이강년이 발포한 여러 격문의 모체가 되었다.

> 국사가 날마다 잘못되고 인심이 점점 변함을 보니, 금일 의병을 중지한 화가 전보다 배나 되고 한숨 돌린 적賊이 한결같이 시비를 얼버무려서 거짓 충성의 말로써 모든 일을 멋대로 결정하고 그럴듯한 방법으로 백성이 지향하는 목표를 흐리게 함으로써 인심은 날이 갈수록 더욱 흩어져 지사로 하여금 진취하게 해도 다시는 여망이 없다. 이는 진실로 '위급존망지추'로 어찌 밝게 분석하여 가려내야 할 때가 아니겠는가.
>
> ─이구영 편역, 『호서의병사적』, 수서원, 1993, 162~163쪽

이강년은 의병투쟁을 중단한 것을 뼈저리게 후회하며, 국운이 기울고 민심이 퇴락한 근본적인 이유나 배경도 궁극적으로는 의병 중단에 있다고 보았다. 그런 생각은 자연히 의병 재기에 대한 강한 집착으로 이어졌다. 그는 스승 유인석에게도 의병을 재기하자고 지속적으로 간언했다. 유인석 또한 이강년이 가진 굳건한 항일 의식과 강경한 투쟁성을 높이 평가하고 장차 의병을 다시 일으킬 것을 기대했다. 서간도에 망명한 유인석이 1898년 이강년에게 보낸 다음 편지를 보면 그 정황을 충분히 짐작할 수 있다.

> 오가는 친구들의 말을 들자니 창의했던 사람들 가운데 태도가 변하는 사람이 많지만, 조금도 변하지 않고 오랠수록 격앙되는 사람은 그대라 한다. 정의를 주장하고 믿을 수 있는 사람 가운데서 오늘 누가 그대와 같은 사람이 있겠는가? 인석은 마음속으로 매우 존경하고 탄복한다. 여기에 도착한 후 하루라도 남쪽을 바라보며 한탄하지 않은 적이 없다.
>
> －「여이낙인(與李樂仁)」 무술 4월 15일, 『의암집』 권17

의병 재기에 대한 염원은 1902년 유인석에게 올리는 또 다른 서신에서 더욱 구체적으로 언급된다. 그의 스승 유인석이 중심이 되어 과거 을미의병에 동참한 화서학파 인물들을 중심으로 활동 내용을 기록하고 그들의 주장을 천명한 문자들을 집대성해 1902년 『소의신편昭義新編』을 간행했다. 이 책의 간행 목적은 의병을 주창한 인물들의 위정척사·존화양이 정신을 널리 선양하고 홍보함으로써 흐트러진 민심을 바로잡아 일제

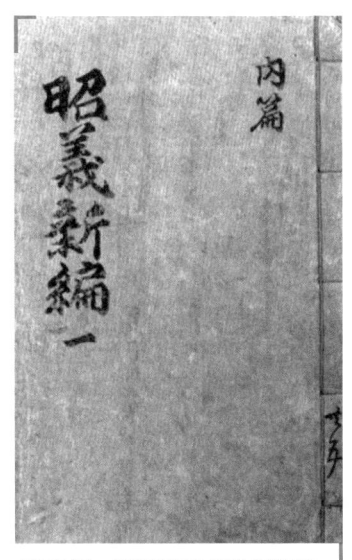

『소의신편』 유인석과 화서학파 의병들의 활동 자료를 모은 책이다.

에 침탈당한 국권을 회복하기 위한 항일투쟁의 정신적 바탕을 마련하는 데 있었다. 하지만 이강년은 『소의신편』 간행의 효용성에 의문을 제기하면서 즉시 재기항전을 주창하는 입장을 견지한 것으로 보인다. 이즈음 그는 스승에게 올리는 편지에서 재기항전에 대한 자신의 입장을 다음과 같이 밝혔다.

이때에 미처 거의하는 자가 만약 재거의 격서를 돌린다면 비록 강약의 차이는 있으나 의리의 바름을 잃지 않지만, 인쇄에 붙여(『소의신편』 간행을 의미함-필자 주) 격고檄告하여 서울과 나라 안에 돌려 보인다면 이 사람 저 사람 말을 좋아하는 자가 명예를 낚으려는 것이라고 하지 않겠습니까.

-「상의암선생」 임인 2월 회일, 『국역 운강이강년전집』, 청권사, 1993, 32쪽

이 시기 이강년은 과거 의병에 투신했던 인물들이 할 수 있는 가장 정당한 행동은 재기항전이라고 믿었다. 『소의신편』 간행과 같은 점진적인 계도 작업은 여러 난관이 따를 것이므로 이보다 더욱 강경하고 적극적인 재기항전에 전력해야 한다는 주장이다. 그리하여 그는 스승 유인석에게 존화양이의 대의를 직접 호소하고 민심을 흥동興動하도록 할 것을

건의하기에 이르렀다.

의병 재기를 향한 일관된 신념을 관철한 결과, 이강년은 1907년 결국 재기할 수 있었다. 부연한다면 운강의 재기항전은 민족적 위기 상황에서 배양된 일관된 정의관에 따른 처신이었다. 또한 이강년은 일제에 유린당한 대한제국의 국권은 한민족의 자주적 역량으로 일제를 구축함으로써 회복해야만 한다는, 자주적 국권 수호나 회복에 대한 강한 신념을 견지하고 있었다. 재기 이후 경상도·충청도·강원도 일대를 전전하며 항일전에 분투하던 그는 청나라를 비롯한 외국의 힘을 빌려 국권을 회복하자는 논의인 '청원請援' 주장에 대해 다음과 같이 비판했다.

> 근일에 일을 논하는 자가 입을 열면 문득 외국에 구원을 청할 것을 말하는데, 이것은 크게 이루지 못할 이치가 있습니다. 나라가 이미 왜적에게 탈취당해 군부가 비록 마음이 있으나 청나라에 군사를 구걸할 수 없는 것은 이미 갑오년의 평양 패전이 있기에 청의 군신君臣이 모두 받아들이지 않을 것입니다. …… 가령 천기天機가 자연自然하여 여러 나라가 함께 공격해서 왜적을 없앴다 하더라도, 다시 종묘사직이 위태로운 화는 실로 끊임이 없을 것이니, 우리의 위급함을 구하고 적을 토멸한 후부터는 문득 영력제永曆帝가 당한 면전의 화(도리어 청원국에게 국권 침탈을 당할 수 있음을 의미함 - 필자 주)를 입게 될 것이기 때문입니다.
>
> -「답상의암선생」 무신 2월 12일, 『운강선생유고』 권1

이강년은 청나라를 비롯한 외국의 힘으로 국권을 회복한다는 것은 우

러일전쟁 당시 부산을 침공한 일본군

선 현실적으로 실현 가능성이 희박하고, 설령 외국의 힘으로 일제를 몰아낸다 하더라도, 오히려 그 나라에 의해 또 다시 국권이 침탈당하게 될 것으로 보았다. 결국 그는 한민족의 자주적·주체적 역량으로 국권을 회복해야만 민족의 전도를 보장할 수 있다는 인식을 가지고 있었고, 약육강식 제국주의 시대의 냉엄한 현실을 깊이 통찰하고 있었다. 이러한 민족과 국가의 현실에 대한 주체적 자각이 그를 항일전선에 투신하여 일제를 구축하는 길로 나서게 했다.

충군애국의 의병정신

이강년은 1907년 의병을 다시 일으키면서 거의의 정당성과 목적을 천명하고 열강의 후원을 기대하기 위해 서울에 주재하는 각국 영사관에 통고문을 보냈다. 1905년 을사조약으로 외교권을 빼앗긴 상태이지만, 만국공법에 의거하여 열강의 지지와 원조를 기대하고 있었다. 이강년은 춘추대의적 의리와 명분에 따른 존화양이론에 깊이 경도되었지만, 국제관계의 현실적인 측면까지 고려하여 진행한 일이었으니, 그 의의를 결코 간과할 수 없다. 의병의 활동 목표가 인륜과 의리의 정도를 밝히는 데 있음을 천명함으로써 일제의 국권침탈의 야만성을 부각하고, 나아가 국권회복을 위해 일어난 의병을 지지하고 성원해주기를 기대한 것이다.

> 만고에 군신이 없는 짐승같은 도적(일제 - 필자 주) 및 본국 신민의 심성을 바꾸어 도적에 붙어 공모하는 자(친일파 - 필자 주)를 단죄함으로써 천하만국으로 하여금 약約·신信·법法·의義 네 자의 지극히 귀중한 도리를 알게 하고자 하니, 우방의 여러분께서는 밝게 살피시라.
>
> - 「통고각국영사관문」, 『국역 운강이강년전집』, 청권사, 1993, 91쪽

이러한 논지의 저변에는 결국 의병이 충군애국의 의리 정신에서 나왔음을 밝히는 명분론적 정당성이 자리 잡고 있다. 유생의 신분으로 의리와 명분 사상에 철저한 이강년은 당연히 충군 의식이 강했다. 충군 의식은 그의 거의에 중요한 정신적 기저로 작용했으며 동시에 자연스럽게 의병 활동이 지향하는 목표가 되었다. 이러한 충군 의식은 전국 의병에서 보편적으로 나타나는 현상이지만, 의리와 명분에 경도된 이강년과 같은 화서학파 성원의 경우에 특히 두드러진다. 그의 충군 의식은 의병

해산을 종용하기 위해 파견된 선유위원에게 보내는 글에서 특히 선명히 나타난다.

> 군신君臣의 대의는 천지의 떳떳한 법이니, 임금의 명령[君令]이 있는데도 따르지 않음은 반역이고, 임금의 명령이 아닌 것을 임금의 명령으로 인정하는 것도 또한 반역이다. 조선 오백 년 예악과 삼천 리 강토를 저 왜놈이 삼키어 더럽히는 것이 우리 임금의 명령인가. 국모를 시해하고 임금의 머리털을 깎는 재앙이 우리 임금의 명령인가. 정부의 세납稅納을 저 도적이 저울질하는 것이 우리 임금의 명령인가. 이것이 우리 임금의 명령이 아닌 줄 안다면, 우리나라를 위하여 옛 것을 회복시켜[復舊] 놓고 우리 임금을 위하여 원수를 갚고 치욕을 씻는 것을 우리 임금이 이를 금하여 원하지 아니 하겠는가. 금하지 않을 뿐만 아니라 의병이 없을까 두려워하신다. 의병의 소식을 듣지 못하는 것은 임금의 총명을 가로막은 탓이니, 의병을 선유하는 글은 강요한 조칙[矯詔]이 아니라 거짓 조칙[僞詔]이다. 거짓 조칙을 내세워 임금의 마음을 받들지 않고 신하된 의리를 잃는 자는 실로 이적의 무리이다. …… 이처럼 깨우쳐 고한 뒤에도 불의不義한 사람이 있다면 마땅히 군대를 내어 먼저 칠 것이다.
>
> ―「효고선유위원문」, 『운강선생유고』 권1

의병 해산을 강요하는 선유문은 광무황제의 자율적 의지가 아니라 오히려 임금의 본의에 거스르는 것으로, 일제의 지령에서 나왔다는 것이다. 곧 선유문은 강압으로 함부로 고친 '교조矯詔'의 수준을 넘는 '위조僞

詔'이며, 이 명령을 수행하는 선유사를 왕명을 받드는 신하가 아니라 일제의 명령을 수행하는 역신逆臣으로 본 것이다. 이러한 주장은 결국 의병의 충군애국 정신을 상대적으로 극대화하는 논리이기도 하다.

이강년은 항일전을 수행하는 과정에서도 군비를 조달하면서 주민에게 피해가 가는 일이 없도록 세심하게 배려했다. 그리고 실제로 각지에서 의병과 주민 간에 종종 야기되던 갈등을 심각히 우려했다. 항일전 수행 과정에서 발표된 여러 문건 가운데는 이 문제를 언급한 사례가 곳곳에서 산견된다. 그는 항일을 표방한 여러 의진이 실제로는 군수軍需와 군의軍衣만을 탐하고 적의 칼날과 대포를 두려워하고 있다고 가짜 의병인 '가의假義'가 횡횡하는 현상을 지적하면서, 이들은 의병에 가탁한 강도의 무리라고 맹렬히 비난했다. 특히 그가 평창의 봉평 사민에게 보내는 통고문은 군수물자를 수집하고 군사들을 소모하는 과정에서 야기된 의병의 민폐를 강력히 경고하기 위한 것이었다.

> 각지의 의병 동지가 얼마 되지 않아 적은 물과 불처럼 피하고 백성은 밥 먹듯이 괴롭히고 있다. 사람을 함부로 죽이는 것은 강도도 차마 하지 못하거든, 하물며 '의義'를 이름으로 내건 자들이 어찌 서슴없이 불의不義한 짓을 하는가. …… 도적을 토벌하는 앞날은 단정해서 기약하기 어려우나, 의병의 말류의 폐단은 특별히 경계하지 않을 수 없기에 지나는 길마다 말머리에서 의리의 요체[義諦]를 대강 펴온 것이다.
>
> -「통고봉평사민문」 정미 12월 25일, 『운강선생유고』 권1

재기항전 이후 이강년이 두 번째로 공포한 1907년 10월의 격고문에서도 의병이 민간에서 야기하는 여러 가지 폐해를 심각하게 지적하고 있다. 여기서 곧 이강년은 의로써 불의를 치는 것 또한 의거라고 규정한 뒤, 민간에서 군사 소모와 군수품 수집을 빌미로 주민에게 고통을 강요하는 행위는 "공功을 방해할 뿐만 아니라 일[事]을 해침이 또한 가볍지 않다"고 하며 모두 함께 이들을 토멸해야 한다고 강조했다. 한편, 이강년은 항일전을 수행하는 동안 소요되는 재원의 일부를 부호들의 출연과 국가 세금인 호포전戶布錢과 결전結錢 등으로 충당했다. 그는 국가 세금을 전용하여 군자금으로 조달하는 문제의 정당성을 다음과 같이 설명했다.

> 호곡戶穀은 본래 국가에서 군사를 기르는 데 쓰는 재물인데도 근일에 흉적이 혁파하였으므로 의군義軍에 쓰는 것이 불가하지 않다. 결전結錢은 본래 국가의 공물인데 요사이는 원수 오랑캐가 거두어 취하는 바 되었으니 의병의 군량으로 쓰는 것이 명분 없지 않다. 이것이 나라를 위하여 공적으로 취할 수 있는 방도이다. 이른바 부귀한 자는 일찍이 나라가 태평할 때에 이미 지극한 영화를 누렸기에, 이제 임금을 위한 일을 도모함에 공도公道를 잊고 스스로 돈슬豚風(돼지에 붙어사는 이 - 필자 주)로 돌아가는 것을 달게 여길 수 있겠는가. 이것이 백성을 위하여 사적으로 취할 수 있는 논리이다.
> ―「재격고문」정미 10월,『운강선생유고』권1

호곡과 결전 등의 국가 세금이 일제에 의해 혁파되고 수취당하는 현실에서 국권 수호를 위해 일어난 의병이 국가 세금을 군자금으로 활용하는 것은 의리에 합당하다는 주장이다. 또 양반 부호는 그동안 국가에서 상대적으로 많은 혜택을 받아온 만큼, 국가 위급 상황에 처한 현실에서는 더 적극적으로 의병을 지원해야 할 책임이 당연히 있다는 논리이다.

또한 이강년은 양반 권세가들을 깊이 불신했고, 국력이 쇠약해진 원인 가운데 하나도 기득권층의 무사안일이라고 보았다. 그러므로 국권회복을 위한 항일투쟁에도 역시 양반 권세가들이 방관자적 입장을 보여 이를 외면하고 있다고 강하게 비난했다. 나아가 양반 집권층은 오히려 강도 일제와 결탁함으로써 국가의 운명을 재촉했다고까지 인식했다.

재기항전에 투신한 뒤 1907년 10월(음력)에 발표한 「재격고문再檄告文」은 특히 양반 관료 사대부 계층이 보인 기회주의적인 태도와 처신을 맹렬하게 비판하고 그들의 각성과 동참을 촉구하는 내용을 주지主旨 가운데 하나로 삼았다. 이강년은 나라 안의 이름 난 인사들은 높은 위치를 차지하여 좋은 말로 거의擧義를 외면한다고 지적한 뒤 "임금의 치욕을 씻지 못하고 국모의 원수를 갚지 못하고 오백 년 종사가 위태롭기 짝이 없고 삼천 리 강토가 없어지고 정당政堂은 공허하고 재물은 다 빼앗겨 나라가 나라 아니고 백성은 목숨이 없어졌다"며 일제에 유린당한 강토의 실상을 적나라하게 지적하고, 이러한 위기 상황에서는 모든 국민이 일제 축출에 나서야 한다고 촉구했다.

이어 그는 성패와 이둔利鈍을 돌아보지 않고 전 인민이 항일전에 동참하게 된다면 국권 회복을 도모할 수 있는데, 당시 기득권층의 관망적 태도가 결국 한민족의 결집력을 희석해서 일제의 한국 침략을 방조하는 결과를 초래했다고 맹렬히 비난했다. 나아가 기득권층의 방관적 자세는

학문과 사상

결국 자기파멸로 귀착될 것이라고 경고했다.

> 의병이 강하고 도적이 약하면 어찌 편안한 곳이 없겠으며, 의병이 약하고 도적이 강하면 반드시 어육(魚肉)의 화를 당할 것이니 어디서 베개를 높이 베고 편안히 누릴 수 있단 말인가. 이 말이 농부, 상인 같은 보잘것없는 백성에게 나왔다면 오히려 용납할 수 있겠거니와, 대개가 서생, 관료와 사대부로서 나라의 두터운 은혜를 입은 연원 있는 세가의 자손이 감히 하는 말이니 어찌 진실로 슬프고 가슴 아프지 않겠는가.
>
> — 「재격고문」 정미 10월, 『운강선생유고』 권1

이강년은 일제의 침략정책에 동조한 동족에 대해서는 관대한 아량으로 수용해야 한다는 입장이었다. 다음과 같은 주장을 통해서 그 경향을 짐작할 수 있다.

> 비록 그전에 지위를 탐하고 녹을 탐하여 의리에 어두워 도적에게 붙었던 자라도 진실로 마음을 고치고 자세를 바꾸어 토적복수의 의리로 맹세한다면 또한 가히 용서할 수 있을 것이다.
>
> — 「통고문」 정미 7월 6일, 『운강선생유고』 권1

일진회와 순검으로 도적에게 붙어 간첩 노릇하는 자는 실로 이성을 잃어 곤궁하여 취할 바가 없는 자로서 이는 진실로 불쌍히 여길 뿐으로 미워할 수 없는 것이니, 혹시 어둠을 등지고 밝음을 향하여 몸을 깨끗이 하는 데로 나아감이 있다면 죄를 용서할지언정 반드시 죽일 것 없다. 또 그 경병과 관군의 도적에게 매수당하여 좌우에서 따르는 자는 반드시 기한(飢寒)이 심하여 죄에 빠짐이 큰 것으로서 그 책임이 우리에게 있고 죄가 그에게 있는 것이 아니니, 우리에게로 돌아온다면 또한 이를 받아들일 뿐이다.

-「재격고문」 정미 10월, 『운강선생유고』 권1

일제 침략에 동조한 친일세력을 조건 없이 포용 내지 용서하라는 것은 아니지만, 적대적 관점으로 이들을 단죄해야 한다고 주장하지도 않았다. 당시 의병들은 대체로 친일파를 일제와 동일시했고, 그들을 적대하며 단호히 단죄해야 한다는 분위기가 지배적이었다. 이러한 상황을 감안할 때, 대국적 견지에서 거족적으로 그들의 죄와 허물을 감싸줘야 한다는 이강년의 포용론은 당시로서는 파격적인 주장이었다. 친일파의 등장을 개인 차원이 아닌 한민족이 처한 시대적 모순으로 이해하는 아량을 보였던 것이다.

의병 재기와 시련

러일전쟁과 을사조약 늑결

이강년은 1896년 의병 해산 후 1907년 다시 의병을 일으킬 때까지 10여 년 동안 야인으로 지냈다. 1896년 7월(음력) 소백산에서 휘하 의병을 해산한 뒤 단양 금채동金采洞으로 들어가 은신하고, 이듬해에는 유인석을 만나기 위해 서간도로 건너갔다가 그해 7월 귀국했다. 그가 수의처守義處 단양을 떠나 고향 문경으로 돌아간 것은 1901년 봄이었다. 그해 말에는 모친상을 당하여 한동안 외부 활동을 중지하고 자식으로서 상례喪禮를 다했다. 이후 재기항전으로 역사의 전면에 다시 부상하게 되는 1907년 봄까지는 외형상 거의 정중동靜中動의 평온한 일상을 영위했다.

이 시기에 이강년은 화서학파의 성원이 되어 학문적 역량을 강화하고 의리와 명분에 따른 항일 민족기상을 더욱 고양해갔다. 곧 후기의병에 투신하기까지 10여 년이라는 세월은 이강년에게 있어서 학문 수양기이자 항일 역량을 강화해가는 시기였다. 이강년과 가까웠던 의병 동지이자 역사 기록자인 박정수는 『창의사실기』에서 이 기간 이강년의 동정에 대해 다음과 같이 기술했다. 이강년을 이해하는 데 매우 중요한 단초가 되는 대목이다.

이로부터(의병 해산 이후부터 - 필자 주) 대의가 갑갑해졌고 뜻있는 인사는 원통해했으며 백성은 거꾸로 매달린 듯 괴로워했다. 공은 한 시각도 느슨하지 않고 강학에 온 힘을 쏟아 즐기면서 시름을 잊었다. 또한 의암 어른에게 깊이 감화를 받아 항상 말하기를 "내가 을미, 병신년의 의병 일이 아니어서 의암 문하에 들어가는 인연이 없었다면 어떤 사람이 되었을까?"라고 하였으니 그 기꺼이 따르는 마음을 볼 수 있었다. 여유롭게 호서와 영남에서 사우들을 두루 찾아보며 성리학과 본받을 만한 옛일과 예학 등의 학설을 토론하며 침식을 잊어서 만년의 계책으로 여겼다. 기해년(1899) 봄에 여러 사우가 화서선생 유집遺集을 충주의 병산屛山에서 간행하였는데, 공이 힘써 주선하기를 자신의 일처럼 하였다. 호남에 이르러 간행하는 일을 의론할 때에 동학 도적의 잔당이 소란을 피워 도로가 위태로웠으나, 공이 의리를 지키는 일을 잊지 않았다. 먼 걸음을 하면서도 역시 창의 격문과 의리를 지키자는 문자들을 지녔으니 사리를 아는 이가 아니라면 모두 그 당시에 감히 말하지 못하는 위태로운 것이라는 것을 알 만한 것이었다. 무안군수 진모秦謀가 의심하고 이를 수색하였으며, 함께 길을 나선 어숙심魚叔心(어중선魚中善의 자 - 필자 주)과 같이 갇혔다가 며칠 만에 풀려났다. 그러나 그 문자를 불태우고 곤혹스럽고 욕됨이 많았으니, 공이 장난삼아 시를 지어 말하기를 "나를 욕보이고 글을 불태우니 오히려 가소롭구나 / 천추에 남은 습속 망할 놈의 진가에게 이어졌구나"라고 하였다. 또 서쪽 관서 지방 태천에 이르러 책을 나누어주고 돌아왔다. 이것이 모두 사문斯文을 위하는 극진한 정성이었다.

— 박정수·강순희 편, 구완회 역, 『국역 창의사실기』, 2014, 28~29쪽

이 기록으로 전기의병 해산 이후 재기할 때까지 10년간 이강년이 보낸 세월의 실상을 충분히 짐작할 수 있다. 학문적 역량과 투쟁의 강도를 모두 배양한 기간이었다. 현전하는 자료에는 1900년대 중반 이강년의 행적과 활동이 잘 드러나있지 않다. 그런데 한때 이강년 관련 서한류가 다량 발견되었다고 하여 학계의 주목을 받은 적이 있다. 1900년부터 1903년에 걸쳐 이강년과 애국 민중들 사이에 오갔다고 하는 서한류 37통이 일본에서 발견되어 학계에 소개되면서 이 기간에도 이강년이 끊임없이 항일 의병투쟁을 준비했다고 알려졌다(김의환, 「항일의병장 이강년과 애국민중들과의 왕복 서한문 발견에 즈음하여」, 『한일연구』 9, 한국일본문제연구회, 1996). 하지만 이 서한류는 독립기념관에서 근년 수집하여 필적과 내용을 분석한 결과 의병장 이강년과 동명이인인 다른 인물에 관한 자료로 밝혀졌고, 운강 이강년과는 직접적인 관련이 없는 것으로 확인되었다.

이강년이 재기항전을 결심하고 의병을 다시 일으키려 한 것은 1905년 11월 을사조약 늑결 직후였다. 그해 가을 8~10월에 과거 의병

동지였던 원용팔元容八(일명 원용석元容錫, 1862~1906)과 정운경鄭雲慶(1861~1939) 등이 원주·영춘·단양 일대에서 일제의 국권 침탈에 항거하여 의병을 일으킨 것이 그 계기였다.

전기의병 당시 제천의병의 중군장을 지낸 원용팔이 1905년 8월 원주에서 먼저 의병을 일으켰다. 1904년 러일전쟁 도발 이

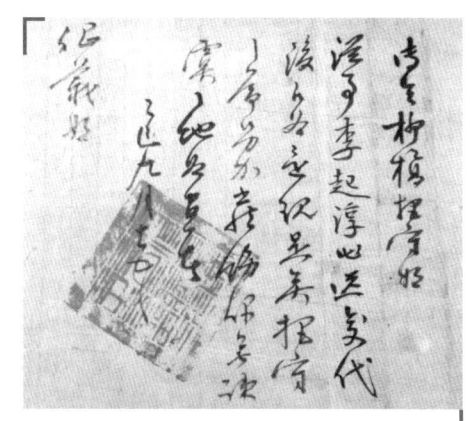

정운경 의진에서 종사(從事) 이기순(李起淳)에게 발급한 문건(음력 1905년 9월 15일) 이기순 후손 소장

후 일제의 침략 책동이 가시화되는 상황에서 원주 금마둔金馬屯의 지사 박수창朴受昌의 협조로 1905년 8월 16일(음 7월 16일) 원주 풍정楓亭에서 종제인 원용수元容銖와 채순묵蔡淳默·김낙중金洛中 등 8명의 동지를 규합하여 항일전에 들어갔다. 원용팔 의진은 그 뒤 단양·영월·영춘 등지를 전전하면서 세력을 확대한 뒤 같은 해 9월 원주 점령을 시도하던 중 패산했다.

과거 제천의병의 참모로는 원용팔에 이어 충청북도 단양 지방에서 정운경도 재기했다. 제천의병의 전군장 출신인 정운경은 의병이 패산하고 원용팔이 체포당했다는 소식을 듣자 이규석李圭錫 등 여러 동지들과 함께 항일구국의 기치를 올렸다. 죽령으로 가는 길목인 장림長林에 근거지를 마련하고, 1905년 10월 6일에는 단양읍으로 들어가 수순교首巡校·서기·향장 등을 포박하여 장림으로 데리고 가서 각 면의 포수들을 규합하

도록 지시하고, 종사와 포수들을 사방으로 보내 의병을 모았다. 이에 영춘·제천·청풍 등지에서 300~400명의 의병을 모을 수 있었다. 하지만 1905년 10월 13일 의병의 봉기 소식을 듣고 급히 출동한 원주진위대의 공격을 받아 와해되고 말았다.

원용팔과 정운경 등 과거 제천의병에서 함께한 동지들이 재기할 때 이강년이 이들과 어떤 관계였는지는 구체적으로 알 수 없다. 다만 원용팔이 재기했다는 소식을 듣고 이강년은 그에게 글을 보내 거사를 격려하고 활동 방안을 조언했다고 한다. 또 정운경도 동지 이강년에게 사람을 보내 협력을 요청했다. 이러한 정황으로 미루어 이강년은 원용팔과 정운경 등이 재기항전을 하는 상황과 어느 정도 밀접한 관계였음을 짐작할 수 있다. 이들의 항전 재개는 부단히 재기를 모색하고 있던 이강년에게 커다란 영향을 미쳤을 것이다.

또한 1905년 11월에 일어난 을사조약 늑결도 이강년이 항일전을 재개하는 데 큰 동인이 되었다. 일제의 일방적인 강요로 진행된 을사조약은 실질적인 국망을 의미하는 망국조약이었기 때문에, 한국민은 큰 충격을 받고 조약 반대투쟁을 거족적으로 전개했다. 을사조약 늑결은 일제의 대한침략정책 추진 과정에서나 한민족의 항일독립운동 전개 과정에서 모두 큰 비중을 차지하는, 큰 충격을 준 사건이었다.

을사조약 늑결 소식을 국내 각지로 신속히 전하면서 전국의 항일투쟁을 선도한 매체는 신문이었다. 당시 언론기관은 일제의 엄격한 검열로 통제당하고 있었음에도 불구하고 반대의 선봉에 나서서 국민 여론을 환기했다. 특히 『황성신문』은 주필 장지연張志淵이 조약 늑결의 전말

을사조약 늑결을 규탄한 논설 「시일야방성대곡」(『황성신문』 1905년 11월 20일자)

을 상세히 보도하고 을사5적을 맹렬히 규탄하며 전 국민의 공분을 호소한 「시일야방성대곡是日也放聲大哭」이라는 유명한 논설을 실었다. 장지연은 이 논설에서 을사조약의 망국적 성격을 언급하면서 무능하고 무책임한 매국대신들을 "개, 돼지보다 못하다"고 맹렬히 논박하고, "통재통재라 동포아 동포아"라는 절망적 탄식으로 글을 마침으로써 이 조약으로 인해 실질적 국망을 맞이한 참담한 현실을 개탄했다.

『황성신문』 외에도 『제국신문』·『대한매일신보』 등도 조약 늑결의 실상과 각지 반대 여론을 상세히 보도하고 그 무효화를 주장함으로써 거국적 항쟁을 선도했다. 특히 영국인 베델E. T. Bethell이 경영하던 『대한매일신보』는 광무황제가 러시아·미국·독일·프랑스 등 열강의 최고 지도자 앞으로 보낸 서한을 게재하여 을사조약을 결코 승인하지 않았다는

 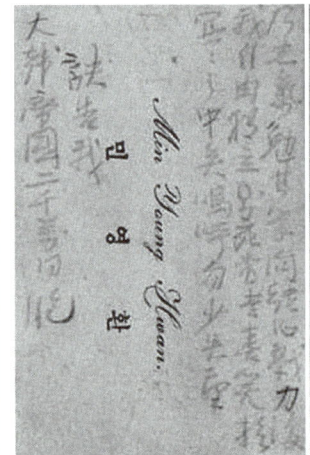 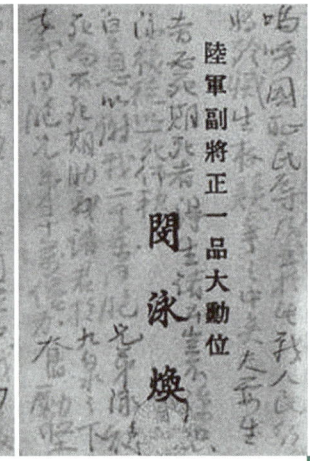

을사조약 늑결에 항거하여 순국한 민영환(좌)과 명함에 남긴 유서(우)

사실을 공포했다.

을사조약에 반대한 항일투쟁은 충의로 분노한 전·현직 관료들과 유생들이 주도했고, 이들은 상소를 올려 조약 무효화와 5적 처단을 주창하고 나섰다. 조약 늑결을 막기 위해 서울에 모인 전국 유생들은 대한십삼도유약소大韓十三道儒約所를 차려놓고 광무황제에게 상소를 올려 조약 파기를 주장했다. 뒷날 헤이그 사행시 정사正使가 된 이상설李相卨(1870~1917)은 당시 대신회의를 총람하는 의정부참찬 직위에 있었으나 일본군의 저지로 회의에 참석하지 못하게 되자, 수차에 걸쳐 직접 광무황제에게 상소를 올려 조약을 파기하고 5적을 처단해야 한다고 주장했다.

경기도 가평 향리에 퇴거해 있던 원로대신 조병세趙秉世(1827~1905)는 늑약의 변을 듣고 통곡하며 "나라가 이미 망하였으니 내 세신世臣으로 따라 죽는 것이 마땅하다"라고 말하고 신병을 무릅쓰고 상경하여 백관을 거느리고 5적 처단과 조약 파기를 주장하는 충절의 상소를 수차에 걸쳐 올렸다. 그럼에도 불구하고 아무런 실효를 거두지 못하게 되자, 그는 강경한 유서를 남기고 1905년 12월 1일 아편을 복용하여 자결 순국했다.

시종무관장 민영환閔泳煥(1861~1905)은 조병세의 뒤를 이어 백관을 이끌고 궁내부에 들어가 조약 폐기를 주장하는 상소를 올렸음에도 불구하고 정국에 아무런 변화가 없자, 1905년 11월 30일 자결 순국하여 충절의 기백을 만천하에 떨쳤다. 민영환은 작은 칼로 수차 복부를 찔렀지만 미처 절명되지 않자 인후咽喉를 끊어 순절했다. 이러한 자해 과정에서 피가 손을 적시자, 무릎에 피를 닦아내며 손을 번갈아가면서 칼을 쥐었다고 한다. 을사조약 늑결은 이토록 처절한 죽음을 초래할 만큼, 한민족에게 실로 큰 충격을 안긴 비참한 사건이었다. 그 뒤를 이어 회덕의 산림 연재 송병선宋秉璿, 전 참판 이명재李命宰, 학부주사 이상철李相哲 등이 연달아 장렬히 순국하는 등 죽음으로써 조약의 부당성에 항의하는 투쟁이 계속되었다.

이강년의 재기 또한 을사조약 늑결 소식에 큰 영향을 받았으리라는 점은 충분히 짐작된다. 구체적으로 논증할 자료가 부족하기 때문에 정확한 실상은 알기 어렵지만, 그가 의병을 다시 일으키려고 결심했던 때가 조약 늑결 직후라고 한 대목을 통해서 짐작할 수 있다. 또한 그가 격문에서 "을사년에도 또한 병이 심하게 괴롭혔기에 백 가지 방책을 내었으나 모두 완전치 못하여"라고 운운한 대목도 매한가지다. 곧 원용팔과 정운경이 의병을 다시 일으키고 을사조약이 늑결되던 절대적 비상시

국에서도 이강년이 의병을 다시 일으키지 않은 이유는 성력의 부족이나 투쟁 강도, 또는 방략의 미비 때문이 아니라 끊임없이 자신의 신상을 괴롭히던 병마 때문이었다.

그 뒤 이강년이 재기항전의 기치를 내건 것은 중기의병이 재기한 이후 전국적인 항전으로 확대·격화되어가던 1907년 5월쯤이다. 을사조약 늑결에 저항하여 일어나는 중기의병 단계의 다른 의병에 비해 재거 시기가 다소 늦은 것도 병 때문이었다.

그 가운데서도 1906년에는 전년 원용팔과 함께 의병을 일으켰던 동지들과 더불어 의병 재기 방안을 모색한 흔적도 보인다. 1906년 음력 8월 초에 제천의 강수빈姜秀斌·김홍경金鴻敬 등이 이강년에게 보낸 편지에서 이러한 사실이 확인된다. 이들은 1905년 정운경과 함께 의병을 일으켰던 젊은 선비들로, 재기항전의 입장을 강력히 견지하던 이강년에게 의병을 일으킬 수 있는 상황에 대해 의논했다. 당시의 상황을 "세상의 화가 갈수록 심해져서 조선 사람이 모두 파멸하는 재앙이 눈앞에 닥쳤다"고 보고, "사는 것보다 더 절실히 해야 하는 일이 있다"는 맹자의 말을 언급하면서 당시 형세가 의병을 일으킬 만한지 여부를 논의하자고 청한 것이다.

이러한 제안과 논의에 대해 이강년이 보인 반응은 알려져 있지 않다. 그러나 그가 직접 의병을 다시 모아 항일전을 재개한 것이 1907년 봄인 점으로 미루어 보면, 그전에 이루어진 논의와 협의로는 당시로서는 재거라는 결실을 맺지 못한 것으로 보인다.

「속오작대도」

이강년은 단양 금채동에 은신하면서, 그동안 겪은 무관생활과 의병투쟁 경험을 토대로 부대 편제와 전술을 연구하여 일종의 전술 진법陣法인「속오작대도束伍作隊圖」를 작성했다. 이는 얼마 뒤 의병을 다시 일으켜 일제 군경과 항일전을 전개할 때 적절히 원용되어 위력을 발휘한 독창적인 보병 전법이기도 하다.

이강년의 친필로 남아 있는「속오작대도」의 주요 내용은 편제·행군·진퇴 등 전투 시 부대 운용을 규정한 것으로, 가로 165.5cm 세로 16.5cm 크기의 한지를 사용했다. 주장主將 아래에는 5영營이 있으며, 각 영에는 장인 영사營司가 5명이 있다. 영사는 그 아래 다시 5초哨를 두었고, 각 초의 장은 초장哨長으로 5명이 있다. 초장 아래에는 3기旗를 두었고, 각 기의 장을 기통旗統으로 명기했다. 또 최하위 편제 단위인 기통은 그 아래 3개 부대를 두고 지휘 통솔하도록 했다.

이강년 부대의 기본 대형은 군사 10명을 좌우 2열 종대로 배치하고 선두에 대장 1명, 후미에 화병火兵 1명을 세우는 것으로, 이것이 최소 단위의 1대隊(12명)이다. 그리고 3대의 36명을 1기로 하여 기통 1명이 통솔하고, 3기의 111명을 1초로 묶어 초장 1명이 통솔하게 되어 있어 1초의 총원은 112명이 된다. 또한 이 초 단위를 전·후·좌·우·중 5초로 묶어 이를 1영으로 하고, 5영을 두었다. 종합하면 이강년의 진법 속에 등장하는 의병 편제는 3-3-5-5 단위로 구성되었고, 1영의 병력은 561명으로, 오늘날 정규 군대 편제의 대대와 비슷한 병력 규모였다.

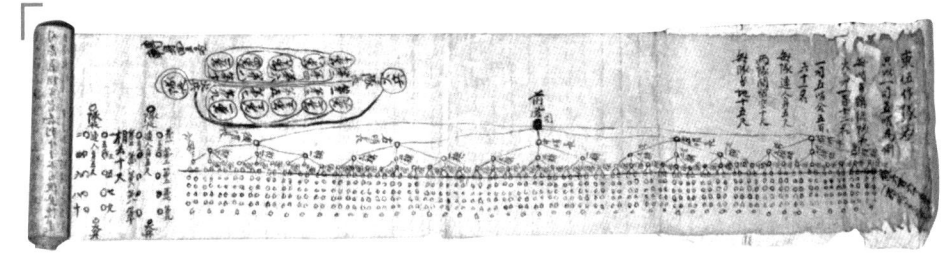
이강년이 작성한 진법 「속오작대도」

한편, 「속오작대도」에는 편제의 원칙과 함께 부대 내의 엄격한 규율도 규정되어 있다.

> 병兵은 대隊를 위해 죽고, 대隊는 기旗를 위해 죽으며, 기旗는 초哨를 위해 죽고, 초哨는 영營을 위해 죽는다. 영營은 의義를 위해 죽는데, 의義가 서면 막강한 군대가 된다.

부대 내의 엄격한 규율에 따른 상명하복의 지휘명령 계통의 통일적 원칙을 제시한 위의 인용문에서 가장 중시하는 것은 곧 의병으로서 중요하고도 본질적 덕목인 '의義'에 있었다. 죽음을 두려워하지 않는 용기와 인간의 의리를 갖춘 군대가 가장 강력한 전투력을 발휘한다고 믿은 이강년의 철학을 볼 수 있다.

「속오작대도」에는 행군과 진군 요령을 언급하며 "북을 한 번 치면 일어나고 두 번 치면 앞으로 나가고, 징을 한 번 치면 중지하고 두 번 치면 뒤로 물러난다"라고 규정하고 있고, "이를 숙달하려면 수만 번의 연습을 통해 자기 몸과 팔을 다루듯 하고 손가락 움직이듯 해야 된다"고 하면서 평소 군사훈련의 중요성을 강조하기도 했다.

용소동의 시련

이강년은 1907년 5월경 다시 의병을 일으켰다. 1896년 을미의병 해산 후 그토록 염원하던 의병 항일전을 재개한 것이다. 이강년은 이 무렵 제천의 동쪽에 있는 진주강씨 문중 서실인 박약재博約齋에 자주 드나들면서 동지들과 의병 거사를 논의했다. 박정수가 『창의사실기』에서 "정미년 봄에 공이 또 의병 일을 모의하니 그 종적이 제천의 동쪽에 많이 있다"라고 한 대목이 그러한 정황을 보여준다. 그러나 의병을 재개할 결심을 굳힌 그가 경기도 지평으로 북상한 것으로 보아, 정작 제천에서는 의병을 일으킬 여건과 환경이 조성되지 못했던 듯하다.

이강년은 지평의 상동에 있는 안기영安基榮의 집에 포군 등을 소모하기 위해 잠시 머물렀다. 전날 제천의진의 중군장 안승우安承禹의 아들이기도 한 안기영은 부친과 함께 활동했던 이강년에게 자신의 집을 의병 모집의 거점으로 제공하는 등 거사에 필요한 도움을 주기 위해 노력했고, 또 이강년 의진의 종사從事가 되어 항일전에 참여하기도 했다.

지평에 머물며 의병을 소모하려던 이강년의 노력은 소기의 성과를 거둘 수 없었다. 그는 답답한 마음에 잠시 춘천에 머물던 유인석과 교신하면서 거사를 협의했다. 당시 유인석은 서북 지방 각지를 오가면서 문인들을 양성하고 주민들의 항일 의식을 고취하다가 귀향하여 춘천 가정리

이강년이 자주 드나들었던 제천의 박약재

에 머물던 중이었다. 유인석이 가정리에 머문 기간은 1906년 늦봄부터 1907년 7월까지 근 1년간이었다.

현재 관련 자료가 남아 있지 않아 지평에 머물던 이강년이 스승 유인석과 의병 거사와 관련하여 상의한 내용이 무엇인지는 분명하지 않다. 유인석의 답신을 받은 이강년이 즉시 지평을 떠나 원주·횡성 등지로 향했다는 기록으로 보아 거사 장소의 적의성에 대해 논의한 것이 아닌가 짐작할 따름이다.

이강년은 그동안 머물던 지평을 떠나 5월 초에 원주·횡성 방면으로 이동했다. 과거 의병 동지였던 안성해安成海와 함께 포군 6명만 거느리고 서쪽의 관동 지방으로 간 것이다. 당시 그가 얼마나 고단한 형세에 놓였는지 충분히 짐작할 수 있다. 더욱이 지평을 떠난 이후 행군 여정을 보아도 모병과 군비 등 당시 거사의 조건을 갖추기 위해 그가 얼마나 노력했는지 그 고충을 십분 감지할 수 있다.

이강년의 단양 용소동 행군로

지평을 떠난 이강년은 우선 횡성의 봉복사鳳腹寺로 가서 며칠간 머물렀다. 이곳에서는 대한제국 안동분견대의 부위 출신으로 전문적 군사지식을 갖추고 군사훈련을 받은 백남규白南奎를 만났다. 해산 군인 출신 백남규가 당시 거의를 염원하던 이강년의 소식을 듣고 그와 합류하기 위해 봉복사를 찾아온 것이다. 이후 백남규는 이강년 의진의 선봉장이 되어 항일전에 커다란 공적을 올리게 된다. 이어 봉복사를 떠난 이강년 일행은 강릉 봉평(현 평창군 봉평)으로 나간 뒤 다시 원주 배향산拜向山으로 향했다. 의병 모집과 군비 조달을 위해 강원도 각지를 이동한 것이다.

의병 재기와 시련 81

이강년과 민긍호 의병의 활동 근거지였던 횡성 봉복사(위)와 배향산(아래)

　이처럼 경기도·강원도 중부권역을 거의 두 달 동안 전전하며 고단한 행군을 했음에도 불구하고, 의병 거사와 관련하여 뚜렷한 성과를 거두지 못했다. 결국 이강년은 본래 근거지인 제천으로 돌아왔다. 그 뒤 소수의 의병을 거느리고 1907년 5월 26일 제천의 오미五美(현 송학면 오미리)를 지나 오석烏石(현 흑석동의 거문돌)의 박약재에 잠시 머물렀다. 이튿날 (27일) 다시 행군을 해서 갑산甲山(현 단양군 어상천면 연곡리 갑산)과 임현任縣 (현 어상천면 임현리)을 거쳐 밤에 영춘의 용소동龍沼洞(현 단양군 가곡면 보발리 용소동)에 이르렀다.

 그곳 보산寶山(현 보발리 보산)의 유력한 후원자인 원도상元道常(1848~1937)을 만나 지원을 받기 위해 간 것이다. 원도상은 과거 을미의병 때도 영춘 수성장으로서 제천의병을 지원했고, 이강년 의병에 대해서도 군비를 지원하는 등 항일전을 도왔기 때문에 뒷날 이강년이 피체당한 후에는 충주로 끌려가 한 달 넘게 감금되어 수난을 당한 의병 지사였다.

 이강년은 봉평을 떠나 용소동까지 쉬지 않고 행군하면서 극도로 피로가 누적된 상태였다. 이때 의병의 동향을 파악하고 있던 영춘 주둔 일제 헌병과 한인 순검 조준원趙浚元 등이 갑자기 야습해왔다. 이강년 의병은 일제 군경을 상대로 백병전과 다름없는 혈전을 벌였다. 『창의사실기』에는 용소동 교전 상황이 다음과 같이 기록되어 있다.

 잠시 잠을 자도록 하였는데 갑자기 영춘 순검이 왜놈을 데리고 습격해왔다. 함께 자던 장졸이 모두 흩어지고 포군도 역시 같았다. 공은 적이 많지 않다고 짐작하고 칼을 들고 뛰쳐나가 손을 썼다. 그 사이에 한 놈이 칼을 휘둘러 공의 왼쪽 뺨과 팔, 오른손을 상하게 했고, 그 놈도 거의 죽게 되었으니 순검인 조준원趙浚元이었다. 적이 다시 손을 쓰려 하자 칼이 부러졌고 왜놈이 탄환을 재어 쏘려고 하였으나 뒤틀어지면서 발사되지 않았다. 왜놈이 심히 화를 내면서 총을 부수었으니, 공이 거듭 다치지 않을 수 있었던 것은 대개 하늘의 뜻이었다. 적도 두려워 물러섰으며, 공이 천천히 걸어 혼자 나서니 적이 더욱 겁을 내어 감히 뒤를 쫓지 못하였다.

- 박정수·강순희 편, 구완회 역, 『국역 창의사실기』, 2014, 33쪽

이강년 의진의 중군장 김상태

야습을 당하여 순검 조준원과 격투를 벌이는 과정에서 이강년이 왼쪽 뺨과 팔, 오른손에 자상을 입었으며, 나아가 일제 헌병이 가진 총이 고장 난 덕분에 이강년이 살아날 수 있었기에 이는 곧 하늘의 뜻이라고 했다.

용소동 전투에서 중상을 입은 이강년은 한동안 부상 치료에 전념했다. 보산의 후원자 원도상에게 기별하여 그의 지원을 받는 한편, 동지 김상태金尙台(1862~1911)와 더불어 청풍·단양 등지에 머물며 부상을 치료하면서 일제의 감시를 피해 한동안 은둔하며 지냈다. 이 무렵 그가 전전한 곳을 예거하면 나곡羅谷(현 제천시 덕산면 도전리 나실) 정두원鄭斗源의 집, 한양지漢陽地(현 제천시 수산면 능강리의 정방사 동쪽마을) 신태원申泰元의 집, 연풍 조동기趙東冀의 집 등이 특히 오래 머문 곳이다. 일제 군경의 정탐을 피해 밤에는 움직이고 낮에는 숨어서 은밀하게 움직인 여정이 무려 200여 리였고 "손발이 모두 터지고 얼굴이 갈라지고 흉터가 남게 되었다"고 하니 이즈음 그가 겪은 고초가 어떠했는지 넉넉히 짐작할 수 있을 것이다.

호좌의병장 이강년

호좌의병장 등단

의병은 제천으로

부상에서 회복한 이강년은 1907년 7~8월에 일어난 광무황제 강제 퇴위와 대한제국군 강제 해산을 계기로 본격적인 항일전을 전개했다. 곧 일제가 자행한 일련의 국권 침탈로 의병전쟁이 전국적으로 확산·고조되는 상황에서 이강년도 본격적으로 항일전을 펼치게 된 것이다.

1907년 여름, 중앙 정국의 상황은 매우 긴박하게 돌아갔다. 일제의 국권 침탈은 더욱 전방위적으로 진행되었고 동시에 대한제국의 운명은 급전직하 풍전등화의 처지였다. 광무황제는 을사조약의 부당함과 일제의 침략상을 국제사회에 폭로하기 위해, 그해 6월 네덜란드 헤이그에서 개최되는 제2회 만국평화회의에 이상설·이준·이위종 세 특사를 파견했

영국 언론에 소개된 광무황제 강제 퇴위 기사
The Illustrated London News 1907년 7월 27일자

다. 이러한 헤이그 사행使行을 계기로 일제는 이토 히로부미伊藤博文가 주도하여 대한식민지화 방침을 확정하고, 이를 실행하기 위한 구체적인 단계에 돌입했다. 특사들의 헤이그 현지 활동 소식을 접한 일제는 가장 먼저 사행의 책임을 물어 반일정서가 농후한 광무황제를 7월 20일 강제로 퇴위시켰다. 이어 7월 24일에는 정미7조약을 체결하여 내정권을 완전히 장악하기에 이르렀다.

그리고 8월에 들어서는 급기야 대한제국 정규 군대의 강제 해산을 감행하고, 9월에는 민간인이 소지한 일체의 무기류까지 강제 압류하는 이른바 '총포 및 화약류 단속법'을 발포함으로써 '한반도 내에서의 완전한 무장해제'를 표방하고 대한식민지화를 위한 최후의 수순을 밟았다. 곧 이어 감행할 병탄 때 예상되는 한국민의 무장봉기를 사전에 차단하기 위한 치밀한 포석이었다.

결국 일제는 헤이그 사행을 빌미로 대한 침략에 박차를 가했으며, 그 직후인 7~8월간은 일제의 국권 침탈이 더욱 긴박하게 진행되고 있었던 셈이다. 하지만 일제의 극단적 국권 침탈 행위는 역으로 한국민의 총체적 저항을 촉발하는 계기로 작용했다. 그 결과 1907년 8월 이후 근 2년간 전 민족이 참여한 구국의 성전, 의병전쟁이 삼천 리 강토 전역에서 치열하게 전개되었던 것이다.

이강년도 이러한 의병전쟁의 시대적 움직임에 발맞추어 1907년 8월에 들어서 본격적으로 항일전을 전개했다. 『창의사실기』에는 광무황제 강제 퇴위와 대한제국군 강제 해산 당시 격분한 민심의 분위기가 다음과 같이 기술되어 있다.

> 이때에 해가 빛을 잃은 지 여러 달이었다. 적이 오조약으로 군부를 위협하니 모든 것이 신민으로서는 차마 말하지 못할 것들이었다. 또 (황제에게) 유람 차 뱃길에 오르기를(일본 방문 – 필자 주) 강요하니 서울이 들끓었다. 저자거리에는 가게 문을 닫고 장사를 그만두면서 모여 의논하였으니 결사회決死會라 불렀다. 위협하고 범하려는 즈음에 숙위하던 금군禁軍이 총을 쏘며 교전하여 한바탕 살육판이 벌어지니 여러 군영의 병사들이 모두 동요하여 주상主上을 구하려고 하였다. 적이 심히 두려워하여 우리나라의 군대와 무기를 거두어 이를 제압하려 하였다. 여러 군영의 병사들이 혹은 빼앗기고 혹은 굳게 지켜 흉계가 잠시 그쳤다.
>
> – 박정수·강순희 편, 구완회 역, 『국역 창의사실기』, 2014, 35쪽

위의 글에서는 광무황제 강제 퇴위 과정과 군대 강제 해산 사실을 분리하지 않고 거의 동시에 함께 기술했기 때문에, 이 글만으로는 이 두 사건 자체를 사실적으로 이해하는 데는 어려움이 있다. 하지만 이러한

대한제국 시위대 군인들

사건을 둘러싸고 격분한 민심과 무장해제를 거부하던 군인들의 저항 등 당시 분위기는 생생하게 살펴볼 수 있다.

1907년 8월 1일 서울 시위대의 시가전 소식이 지방에 전파되자, 원래 순차적으로 해산할 예정이던 지방 주둔 진위대도 각지에서 해산을 거부했다. 해산 군인들의 저항은 곧 원주를 비롯하여 여주·강화·진주·평양 등지로 요원의 불길처럼 번져나갔다. 그 가운데서도 특히 원주 진위대의 항일전은 해산 군인들이 항일의병으로 전신轉身한 대표적인 사례다. 이때 해산 군인들은 영내의 무기를 대거 탈취하여 인근에서 활동하던 의병들에게 제공했다. 이러한 소식은 이소응이 그의 문인 윤창호尹톱鎬를 보내어 이강년에게 알려왔다. 이 무렵 이강년이 출정에 앞서 통곡하면서 가묘에 그 사실을 고했다고 한 기록으로 미루어 문경 고향집에 잠시 머물러 있었던 것으로 짐작된다.

원주 등지에서 일어난 해산 군인들의 투쟁과 의병 활동 소식을 듣고 이강년은 즉시 제천 오석으로 갔다. 그곳에서 전기의병 당시 함께 의병투쟁을 벌였던 윤기영이 의병을 일으켜 평창에 들어가 일본인 2명을 죽이고 원주 병영의 무기를 확보했다는 반가운 소식을 들었다. 『대한매일신보』 1907년 8월 14일자 「잡보」에서는 윤기영 등이 인솔한 의병이 평창 지역에서 활동한 사실에 대해 주천의병 100명과 평창의병 300명이 8월 5일 평창군 우편취급소를 습격하여 일본인들을 처단했다고 보도했다. 이 소식을 접한 이강년은 즉시 종사관 11명을 거느리고 밤새도록 원주로 달려가 윤기영을 만났다. 무기를 확보하는 데 힘쓰는 한편, 의병모집에 노력한 결과 며칠 만에 응모자 수가 수백 명에 이르렀다고 한다. 그리고 진위대가 제공한 신식 무기를 배향산 깊은 곳에 은닉해두었다.

이강년이 휘하 의병을 거느리고 남쪽의 신목정薪木亭(현 원주시 신림면 신목정)으로 내려가 부대를 편성하여 군례를 받고 오미五美(현 송학면 오미리)를 거쳐 제천으로 돌아온 것은 1907년 8월 13일이었다. 의병투쟁을 재개한 이유와 목적 등을 천명하는 「통고문」도 이 무렵 발표했다. 『창의사실기』에는 「통고문」이 발표된 날짜가 이강년에 제천에 들어온 다음날인 1907년 8월 14일(음력 7월 6일)로 기록되어 있다. 그 요지를 소개하면 아래와 같다.

아 슬프도다. 금일 나라의 변고를 차마 어찌 말하리오. 흉악한 칼날로 임금을 협박하여 그 지위를 폐하고 수레에 태워 달아나 일본으로 납치하려는 음모를 꾸미고 궁궐의 문을 닫아 격리시켜 안부를 통하지 못하게 하

원주 신림 신목정 원경

니……지나간 먼 세월에 어찌 혹시라도 이런 일이 있었으며 먼 뒷날에 어찌 다시 이런 일이 있을 것인가. 슬프도다. 저 녹을 먹고 벼슬하는 자가 안면을 바꾸고 창자를 맞대면서 짐승 같은 무리의 앞잡이가 되기를 달갑게 여기는 것은 진실로 말할 것도 없다. 그러나 무릇 한 나라의 신하 된 자, 선비 된 자가 토적복수의 의리에 어둡다면 사람이 아니며, 백성이 되어 분발하는 의기를 늦추는 것도 사람이 아니로다. 사람으로서 사람이 아니라면 한갓 짐승일 뿐이다. 우리는 당당한 소중화로 500년이나 길러온 인물인데 어찌 차마 끝내 짐승이 된다는 말인가. ……아, 슬프도다. 나라가 갑오년 이후로 문득 왜적의 협박으로 누차 욕을 당해도 불구대천의 한을 씻지 못하고 오늘의 변란에 이르렀도다. 신하로서는 차마 들을 수 없고 감히 말할 수 없는 지경에 이르렀으니 이보다 더 망극한 변고는 없도다. 무릇 혈기 있는 무리라면 누가 피눈물을 흘리고 울음을 삼키면서 이 도적과 함께 살지 않겠다고 맹세하지 않겠는가. ……무릇 우리 충의를 품은 선비, 의리에 분격한 백성은 구차히 살아남을 생각을 마시라. 엎어진 새 둥지에 어찌 온전한 알이 있겠는가. 마땅히 힘쓰고 직분을 다할 것을 생각하라. …… 벙어리, 귀머거리, 절름발이, 앉은뱅이도 오히려 백 배의 기운을 더하게 하여 상하귀천이 모두 뭉쳐 하나가 된다면 천지의 보살피는 바와 온갖 신령이 도와주는 바에 어찌 조금인들 좌절할 리가 있으리오. 비록 그전에 지위를 탐하고 녹을 탐하여 의리에 어두워 도적에게 붙었던 자라도 진실로 혹시 마음을 고치고 자세를 고쳐 토적복수의 의로써 맹세한다면 또한 용서할 수 있도다. 충분忠憤에 북받치는 바를 억제하지 못하여 이에 감히 피를 뿌려 먼저 창의 거사를 이와 같이 깨우쳐 고하노라. ……

- 「통고문」 정미 7월 6일, 『운강선생유고』 권1

이 「통고문」은 화서학파의 학문 특색인 존화양이론을 사상적 기저로 한 춘추대의적 의리와 명분에 입각해, 일제의 국권 침탈을 화이인수론의 차원에서 성토하고 있다. 우선 서두에서는 일제의 국권침탈의 실상을 성토하고, 다음으로는 일제 축출의 당위성을 역설했으며, 끝으로 민족 구성원 모두가 하나로 뭉쳐 항일전에 매진할 것을 호소했다.

한편, 이강년이 제천으로 들어올 즈음에 원주 진위대 특무정교 민긍호閔肯鎬가 해산 군인들을 이끌고 들어온 것을 비롯하여 조동교趙東敎 · 오경묵吳敬黙 · 정대무丁大武 등도 각기 휘하 의병을 거느리고 제천으로 들어왔다. 조동교는 청풍 출신 의병장으로 역시 해산 군인이었으며, 오경묵은 횡성에서 포군을 이끌던 순교巡校였고, 정대무는 원주 출신 의병장이었다. 이때 제천으로 모여든 의진의 수는 이들 의진을 비롯하여 40개에

「창의사실기」 이강년의 의병투쟁 과정을 기록한 필사본이다.

이르렀다고 한다. 당시 제천은 의병 천지를 방불케 할 만큼 성세를 떨친 곳이었다.

그러나 이 단계에서는 의진 간에 합의된 통합 지휘체계 없이 부대 단위로 각기 독립·분산된 형태로 통솔되었던 것으로 보인다. 구체적으로 명확히 드러나지는 않지만 당시 이강년은 평창에서 남하한 윤기영 의진에 소속되어 있었던 듯하다. 편제 당시 이강년이 의병장을 사양하여 군사軍師에 선임되었기 때문에 대신 윤기영이 의병장을 맡았다. 그리고 그 아래에 안성해安成海가 중군장, 이한응李漢應이 후군장을 맡았으며, 의진을 편성하는 과정에서 중요한 역할을 한 것으로 짐작되는 유병선劉秉先이 도령장都領長에 선임되었다. 이강년 대신에 윤기영이 의병장을 맡게 된 것은 이강년을 지도부에서 배제하려는 도령장 유병선의 불순한 의도가 개입된 결과였다. 『창의사실기』에서 "유병선이 간사하게 꾀는 남의 말을 듣고 군대를 요란하게까지 하여 중군, 후군의 임명이 이같이 되었으니, 죄는 오히려 효수할 만하나 새로 모으는 중이기에 대강 가볍게 꾸짖기만 했다"라고 한 대목이 당시 이강년이 처했던 불편한 지위와 역할을 짐작케 한다.

이강년은 1907년 8월 의병전쟁이 확산되려던 즈음 인근 각지에서 제천 지방으로 몰려든 40여 개의 의진 가운데 한 부대인 윤기영 의진에서 군사로 활동하고 있었다. 곤궁한 처지에 있던 이강년이 명실상부하게 독립된 의병부대를 이끌고 항일전을 수행할 수 있게 되는 것은 그 직후 벌어진 제천의 천남승전 이후의 일이다.

군대 해산 직후, 이강년이 항일전을 본격적으로 재개하던 무렵에 원주·평창 등 주변 각지에서 일어난 여러 의진이 제천에 모인 것은 특기할 만한 일이다. 그 이유를 구체적으로 알려주는 자료는 없으나, 이 지역이 과거 을미의병 당시 유인석이 이끈 제천의병의 활동 거점이었고 그와 관련되어 많은 항일지사들이 거주하고 있었기 때문에 이들과 연계되었거나 또 연대를 모색하기 위해 모여든 것으로 보인다. 이강년은 과거 투쟁의 명성이나 그동안 의병을 다시 일으키기 위해 기울인 성력으로 보

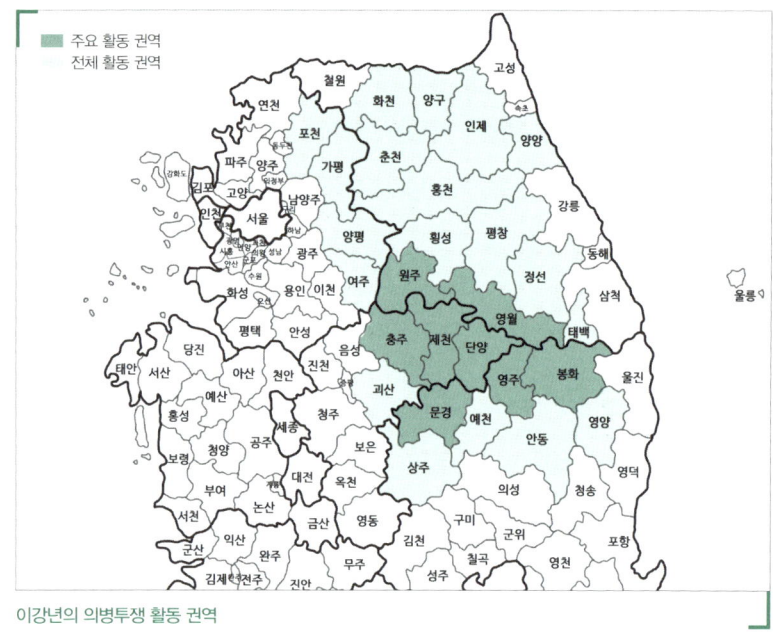

이강년의 의병투쟁 활동 권역

아 당시 제천 지역 항일세력의 구심점이었으니, 각지 의병은 그와 자연스럽게 연대를 모색했을 것이다.

제천 천남 승전

여러 의진이 모여들면서 제천은 다시 의병 천지가 되었다. "제천 백성이 모두 의병에 몸담아 북쪽 및 동서의 고지에 보루를 설치했다"고 하며, 청풍에는 제천 쪽에서 달려온 의병들이 합세하여 마을 주민이 날마다 합류하며 군수물자를 지원하는 형편이었다. 제천 쪽에서 내려와 청풍을 가로지르는 남한강 뱃길을 단속하고 고지마다 촘촘히 파수를 설치하는 의병들도 있었다.

　이강년이 제천에 들어온 지 이틀 뒤인 1907년 8월 15일 원주 방면에서 내려온 일본군이 팔송八松(제천시 봉양읍 팔송리)을 거쳐 제천을 향해 쳐들어왔고, 청풍 쪽에서도 일본군이 다가온다는 정보가 전해졌다. 이때 제천으로 내려온 부대는 원주에 출동한 시모바야시下林 소좌가 파견한 스에야스末安 중위가 이끄는 1개 소대 병력이 주축이 된 일제 군경이었다. 이 부대는 무장해제를 거부하고 탈주한 원주진위대의 해산 군인들을 추격해 내려온 것이다.

　일제 군경의 침공에 직면한 제천의 여러 의진은 연합하여 공동작전을 펼쳤다. 이강년을 비롯하여 윤기영·민긍호·조동교·박여성朴汝成·오경묵·정대무 등이 당시 제천에 모여든 의병부대를 지휘하던 대표적인 의병장들이다. 이들 가운데 박여성은 평양진위대 출신 해산 군인으로 남하하여 청풍의 조동교 등과 연계해 항일전을 벌인 인물로, 이때 제천 연합의진에 합류해 있었다. 윤기영은 천남泉南 뒷산에 매복했고, 민긍호는 남쪽에 매복했다. 오경묵과 정대무의 병력은 서울고개(제천시 동현동 백배미의 남쪽 고개)에 매복했다. 이때 이강년이 거느리던 의병은 제천의 두학에서 영월의 토교 방면으로 넘어가는 조흘치助屹峙(조리재)까지 물러나 대기해 있었다. 의병의 매복 상황을 파악하지 못한 일제 군경은 아무런 저항 없이 제천에 들어왔다.

　저녁 무렵, 매복해 있던 의병들은 일제히 출동해 시내에 주둔해 있던 일제 군경과 전투를 벌였다. 이강년은 관아 뒤쪽 아사봉衙舍峰 방면에서 일제 군경의 배후를 급습하여 큰 타격을 주었다. 4시간 넘게 치열한

민긍호 의병장 묘비(원주시 봉산동)

전투를 벌인 결과, 의병의 공세에 밀린 일제 군경은 충주 방면으로 도주했다. 『창의사실기』에는 이날 전투에서 중군장 안성해安成海가 도망친 일과 민긍호가 용감하게 분투한 사실이 인상적으로 기록되어 있다. 천남 전투에 동원된 연합의병의 총수는 민병까지 합하여 모두 2,000명이 넘었다. 당시 『대한매일신보』는 제천 천남 전투의 교전 상황과 그 결과를 다음과 같이 비교적 자세하게 보도했다.

16일 충주 전電을 거據한즉 말안末安 중위의 일대一隊는 신림을 경經하여 제천 거距 20리허에 군영을 설하고 15일에 거민에게 탐문하고 척후병을 파출하여 한병 주재처 십리허에 이르는 때에 한병의 수는 민병과 합하여 2천여 명이라 각처에 보초를 배열하였다가 일병 척후의 내來함을 견見하고 즉시 사격하여 교봉交鋒하다가 오후 5시에 척후병은 제천읍에서 5백 미터 되는 고지에 점거하였고 한韓 보초는 영월 방면에 재在한 고지를 월越하여 퇴각하였는데 포연 초식稍息에 읍중이 일공一空하고 인연人烟이 돈절頓絶하니 일이日已 황혼이라 일병은 청풍 가도로 연하여 민가에 투숙코자 할 제에 의병이 회기回旗하여 불의에 역격逆擊하고 군아郡衙 전면 고지에서도 의병이 맹렬히 사격을 시始하여 좌우 협공하니 일군은 병미급반兵

未及反하고 마불급안馬不及鞍하여 창황 응전할 새 영지營地 우변 함저陷低에 곤재困在하였고 일본 경찰대는 차를 응원하여 군아 우변 고지를 거하여 성盛히 사격하였으나 의병은 상거 팔마장八馬場에 산병선散兵線을 배열하여 10리에 연긍延亘하고 일군를 포위함에 일군이 세고불적勢孤不敵하여 병순兵巡이 합세한지라 의병은 익익益益 승세乘勢하여 위익급胃益急하니 시적時適 오후 9시 30분이라 일군은 청풍 가로街路로 향하여 퇴각코자 하나 동 방면 의도義徒가 다수 집합함을 문聞하고 감불향전敢不向前하고 1리를 퇴각하여 좌선우절左旋右折하여 고산 방면에 퇴하여 노영露營할 목적으로 돌위초험突圍超險하여 산중에 은입隱入하였으나 상공내습尙恐來襲하여 철야불매徹夜不寐하고 익일 오전 6시에 근좌면近左面 원북지院北地로 퇴각하였는데 한병은 사상死傷이 무하고 일군은 일인 보고를 거한즉 중상 1명과 행위불명行衛不明이 1명이라 하였고 의병은 기세가 우장尤壯에 일본 병순兵巡은 탄약이 핍절하여 불능재진不能再振하여 충주로 퇴각하였더라.

- 「의병소식」, 『대한매일신보』 1907년 8월 18일자

하지만 일본군은 전황보고에서 제천의병의 규모를 해산 군인인 한병 150명, 일반 의병 200명을 합해 총 350명으로 파악했다. 그리고 의병 측이 일본군 5명을 사살하고 13명에게 부상을 입히는 등 대승했음에도 불구하고, 일제는 패전 사실은 인정하면서도 인명 피해에 대해서는 단지 한 명이 부상한 것으로만 보고하여 패전 규모를 은폐·축소했다.

스에야스末安 중위의 정찰대는 15일 오후 6시에 제천에서 한병韓兵

150명, 의병 200명과 충돌하여 일시 이들을 격퇴시켰으나 밤이 되어 포위를 당해 서남쪽의 고지로 철수하여 17일 오전 9시에 충주에 도착함. 부상자는 졸병 1명임.

-『한말의병자료』 4, 독립기념관 한국독립운동사연구소, 2002, 47쪽

그럼에도 불구하고 일본군은 위 17일의 보고에 이어 다음 날 18일에 이루어진 전황보고에서 스에야스 부대에서 제천 전투 도중 3명의 행방불명자가 발생했다는 사실을 별도로 밝혔고, 그 가운데 또 두 명이 자대에 복귀한 것으로 20일 보고했다. 이러한 전황보고는 일본군이 제천 전투에서 상당히 큰 타격을 받고 전열이 와해되어 허둥대던 상황임을 그대로 반증한다. 이 전투에서는 민긍호가 거느리던 원주진위대 해산 군인들의 분전이 특히 두드러졌다고 한다. 이때 본격적으로 합류한 해산 군인들의 전투력이 의병의 항일전을 크게 고양했다는 사실을 그대로 보여준 전투였다.

호좌의병장 등단

제천 천남 전투에서 승리한 뒤 연합의진은 다시 주천으로 향했다. 앞서 전투에서 승리한 여러 의진의 지도자들은 제천 의림지에 있는 영호정映湖亭에 집결하여 항일전을 효과적으로 수행할 방안에 대해 의논했다. 가장 중요한 것은 연합의진의 통솔자를 선정해 여러 의진을 하나의 지휘명령계통으로 통솔할 지휘체계를 세우는 일이었다.

이때 이강년이 총대장으로 거론되었다. 하지만 그는 "인물과 지위를

두루 갖춘 사람"만이 그 지휘권을 행사할 수 있다는 명분을 내세워 의병장 자리를 거절했다. 전날 의병의 항일전선에 함께 투신하기로 약속했던 전 참판 김학수金鶴洙를 영입하여 의병대장으로 추대하려는 생각이 있었기 때문이다. 일찍이 명문가 출신으로 이조정랑을 거쳐 이조참판과 궁내부특진관 등 고관을 역임한 뒤 충주에 살던 김학수가 전체 의병을 지휘한다면 의병 규합과 민심 단합에 크게 기여할 수 있으리라는 기대에서 그를 영입하려던 것이었다. 하지만 김학수는 당시 세태와 시세의 흐름에 따라 의병에 가담하는 것이 불리하다고 판단하고 응하지 않았다. 그런 상황에서 세칭 40여 진이라 부르는 여러 의병들이 주천으로 이동해왔던 것이다.

이때 을미의병 때 이강년과 동지였던 백우白愚 김상태가 의병전선에 다시 투신하면서 제천·청풍·단양·영춘 등 이른바 4군 지역의 의병을 규합하여 주천으로 왔다. 김상태는 대장직을 고사하는 이강년에게 "공이 끝내 여러분의 소망을 저버린다면 모든 것을 그만두고 돌아가겠다"라고 했을 만큼 연합의병을 통솔하는 의병장을 맡아달라고 강력히 요청했다. 이에 이강년은 마침내 주천강변에 마련한 단에 올라 의병장이 되어 여러 장병들에게 군례를 받았다. 이날이 곧 1907년 8월 19일(음력 7월 11일)로 천남 전투에서 승리하고 나흘 뒤의 일이었다.

이강년이 의병장에 추대된 것은 그가 과거 을미의병 때 역전의 용장이었다는 사실 외에도 무과를 거친 무관 출신이었으며, 나아가 이 지역 항일투쟁의 정신적 지주였던 유인석의 문인으로 거의 동문들과 관계가 긴밀했다는 점 등이 두루 작용했을 것으로 짐작된다.

이강년이 호좌의병장에 등단한 주천

이강년은 의병장으로서의 자신의 직명을 '호좌의병장湖左義兵將'이라 불렀다. 이는 그가 이끌던 의병이 과거 을미의병 시절 스승 유인석이 거느렸던 '호좌창의군'(제천의병)의 후신이라는 의미를 내포한 것이다. 이때 갖춰진 호좌의진의 중요한 편제와 간부를 보면 다음과 같다.

호좌의병장 이강년
중군장 김상태金相台   전군장 윤기영尹基榮
좌군장 이용로李容魯   우군장 이중봉李重鳳
우선봉 백남규白南奎   좌선봉 하한서河漢瑞
독전장督戰將 이만원李萬源   감군監軍 이세영李世榮

이강년 휘하에 포진한 간부들은 대체로 을미의병 당시 함께 싸운 동지들이고, 출신 지역도 대체로 4군 지역을 비롯한 충청도 동쪽 고을이다. 또 당시에 이강년이 거느린 의병 가운데는 4군 지역에서 김상태가 모아온 군사들이 가장 큰 비중을 차지했다. 이러한 여러 정황으로 보아 호좌의병장 이강년이 이끈 의병부대는 10년 전 과거 유인석 의진의 후신이며 재기였다고 할 수 있다.

한편, 이강년 의진에서 항상 언급되는 것이 광무황제의 밀지 도착과 또 이와 관련된 직명 '도체찰사都體察使' 부여 등과 같은 문제다. 밀지와 관련된 기록은 일제강점기에 박정수가 기록한 『창의사실기』에는 언급되어 있지 않고, 해방 후인 1948년 예천 용궁에서 간행한 목간본에 나온다. 그러한 정황으로 미루어 밀지 관련 기록이 뒷날 첨기된 것으로 사실이 아니라고 인정하는 경향이 있다. 그러나 그 허구성을 인정하더라도, 이와 관련된 사실이 첨기되어 논급된 이유와 배경에 대해서는 다른 의진의 사례에 비추어 더 신중하게 접근할 필요가 있다. 이강년이 판서 심상훈을 통해 받았다는 광무황제의 밀지는 다음과 같다.

오호라! 짐의 죄가 크게 차서 황천이 돕지 않노라. 이로 말미암아 강한 이웃이 혼란을 일으켜 엿보고 있고 역신이 정권을 농단하여 사천 년 종사와 삼천 리 강토가 하루 아침에 견양犬羊의 것이 되었노라. 짐의 한 오라기 목숨은 애석할 바가 없으나 오직 종사와 생령을 생각하니 애통하여 이에 선전宣傳 이강년으로 하여금 도체찰사都體察使를 삼아 칠로七路에 보내노라. 양가재자良家才子로 하여금 각기 의병을 일으키게 하고 소모관으로 삼아 인부印符를 자각하여 종사케 하노니 만약 명령에 복종치 않는 자가 있으면 관찰사, 수령 등을 먼저 참하고 파출罷黜하여 처분하라. 기보畿堡를

호좌의병장 등단 후 제천·충주 공격

보존하는 한 오라기 희망이 이李 도체찰사가 사직에 순殉함에 달렸노라. 이에 조서를 비밀리에 보내니 모두 알아서 거행하라.

- 『운강선생창의일록』, 1948

광무황제가 내렸다는 위 밀지의 요지는 선전관 이강년을 도체찰사에 임명하여 각지에서 일어난 의병을 통솔해 지휘하도록 하고, 의병투쟁에 반발하는 지방관을 처단할 수 있는 권한을 부여한다는 내용이다. 이러한 내용의 밀지는 그동안 전국적으로 여러 의진에서 산발적으로 보이는 현상으로 그 개연성을 부정할 수는 없다. 그럼에도 불구하고 이 문제는 전달 과정이 비밀리에 진행되는 등 여러 가지 이유로 그 실체를 확단하기 어렵기 때문에 앞으로 더 세밀한 고찰이 필요하다.

충주성 공략전

이강년은 영월 주천에서 1907년 8월 19일 호좌의병장에 등단한 뒤 다시 제천으로 환군했다. 제천 백묘百畝(현 제천시 동현동 백배미 일대)에 주둔한 의병부대는 상호 연합하여 충주성을 공략하기로 했다. 충주성 공략에 참여하기로 한 부대는 이강년을 비롯하여 민긍호·조동교 의진이었다. 이강년의 호좌의진은 청풍을 지나 충주성 동문을 공략하기로 하고, 민긍호와 조동교 부대는 박달재와 다리재를 넘어 서문과 북문을 공략하는 것으로 연합작전을 전개했다. 공격 시점은 1907년 8월 23일(음력 7월 15일) 한낮이었다.

사전에 약속된 작전 계획에 따라 이들은 각기 흩어져 충주로 향했다. 이강년은 비가 내리는 가운데 8월 21일(음력 7월 13일) 충주를 향해 길을 떠났다. 출정에 즈음하여 관동 지방과 제천·청풍·단양·영춘 등 4군 일대에 격문을 띄워 주민들의 참여와 지지를 호소했다. 충주를 향해 제천을 떠나던 당일 「격고각도열읍문檄告各道列邑文」이라는 제목으로 발표된 격문 내용은 다음과 같다.

아, 슬프도다. 어찌 차마 다 말할 수 있겠는가. 역적이 나랏일을 제 마음대로 하더니, 가만히 왕위를 내어놓게 하는 계획을 꾸미었다. 흉악한 칼날이 임금을 협박하여 납치하는 모욕까지 주려고 하였다. 조약을 강제로 맺어 우리의 국권을 빼앗고 사면을 반포하여 우리의 인민에게 재갈을 물렸다. 짐승 같은 자들이 백만의 우리 백성을 잠식하니, 운명은 물이 새는 배를 탄 듯하다. 한없는 욕심을 채우기 어려움에 팔도의 산천은 형세가 추풍에 낙엽과 같다. 종묘가 놀라고 황실이 처량하다. 산림천택을 제 것처럼 여기고 재부財賦와 백성을 자기 물건 보듯 하며, 머리털을 깎고 의복을 변개變改하니 사람과 짐승을 구별할 여지가 없어졌도다. 국모를 시해하고 임금을 욕보인 갑오, 을미년의 원수와 아직도 한 하늘을 머리 위에 이고 있도다. 대저 해외로 이민하려는 흉계 같은 것은 금나라 점한粘罕, 원나라 테무진[鐵木眞] 같은 이들도 하지 않았던 일이라, 하늘이 이미 미워하도다. 사람마다 죽일 수 있다는 결심으로 한번 죽을 각오로 성토하니, 누가 서울 바닥에 사람이 없다 하겠는가. 한밤중에 울리는 대포 소리, 병사들의 순절이 더욱 기특하도다. 돌이켜보건대, 입장이 바뀌면 모두가 그렇게 할 것이다. 마침내 갈수록 더욱 포악하여 무엄하게도 하늘을 해치려 하니 끝내는 반드시 패하여 땅에 떨어지고 말리라. …… 슬프다. 죄없는 우리 만백성이 마침내 모두 죽게 된 참변을 만났도다. 천지의 이치가 순환하는데 누가 죄를 짓고 도망할 것이며, 인심이 분노하니 과도히 굽으면 반드시 펴지게 되는 것을 알리라. 소매를 걷고 깃대를 드니 한 대의 군사로 옛 땅을 회복하리라 기대할 수 있으며, 치마를 찢어 발을 감고 나서니 장차 약한 힘으로도 강한 적을 물리칠 날을 볼 수가 있을 것이다. 무릇 응모한 우리 충의의 군사 중 누군들 비분강개하여 나라에 보답할 마음이 없으리요. 만백성이 함께 힘을 합하고 계책이 빠지지 않고 의리를 위해 죽음을 택하였으니 사사로운 마음을 모두 버렸도다. …… 산천초목도 적개심을 머금었으니 천지신명이 어찌 순리를 돕지 않으리요. 어찌 한때의 무공에 그치겠는가, 실로 만고의 화맥을 붙드는 일이로다. 마땅히 각자 노력하여 후회하는 일이 없도록 하시라. ……

-「격고각도열읍문」, 『운강선생유고』 권1

위의 격문은 이강년이 항일전을 수행하면서 발포한 여러 격문 가운데 대표적인 문건이다. 이강년은 이 격문에서 일제 침략으로 인한 국권 침탈의 실상을 명분과 의리의 관점에서 우리 민족의 역사와 문화의 존엄을 훼손한 것으로 규탄하고, 이어 전 민족이 항일전에 나서야 하는 당위성을 주창했다. 격한 감정으로 충분을 토로한 이 격문은 이전 유인석이 의병투쟁을 개시할 때 발포한 격문 「격고팔도열읍」과 내용·문투가 흡사하다. 위 격문과 더불어 이강년은 민군으로서 의병을 소모하는 데 더 구체적인 목적을 두고 민간의 호응을 기대하여 「소격召檄」을 발포하기도 했다. 「소격」에도 위의 격문과 비슷한 내용과 주장이 담겨 있다.

제천의 백묘를 출발한 이강년 부대는 관전館前(현 제천시 관앞)과 기곡基谷(현 금성면 텃골)을 지났고, 이튿날에는 청풍을 거쳐 충주 동량의 서운瑞雲에 이르러 전 장진부사 이문흠李文欽의 집에서 휴식했다. 이문흠은 을미의병 당시 의병을 소모하여 제천의진에 합류한 인물로 과거의 동지이기도 했다. 이어 충주성을 공격하기로 약속한 당일인 8월 23일에는 황강黃江을 건너 문지동文池洞(충주호 수몰마을)을 지나서 마수막馬首幕(현 마지막재) 고개에 이르러 충주성의 동정을 살피면서 다른 부대가 도착하기를 기다리고 있었다.

하지만 민긍호와 조동교 부대는 정해진 날짜에 충주성에 이르지 못했다. 조동교 의진은 박달재에서 진로가 막혀 다른 곳으로 이동하게 되었고, 다리재를 넘어 강령까지 진출한 민긍호 부대 역시 일본군에게 차단당해 충주성 공략에 가담할 수 없는 처지였다.

이때 충주성에는 2개 소대 규모의 일본군이 점거해 있었다. 원래 일본군 충주 수비대의 병력은 1개 소대 규모였지만, 제천 천남 전투 직후 급히 서울에서 1개 소대가 증파되었다. 곧 제천에서 일본군이 패퇴한 다음 날인 1907년 8월 16일, 아시자와蘆澤 대위가 이끄는 소대가 서울을 출발하여 광주·이천을 거쳐 19일 충주에 도착함으로써 원래 충주성을 수비하던 1개 소대에 합류한 것이다. 이 증원 소대는 도중 장호원에서 150명 규모의 의병을 만나 교전을 벌이면서 충주에 이르렀다.

일본군은 이강년 부대를 비롯한 여러 의병세력이 연합하여 충주성을 공략하려던 상황을 예의주시하고 또 그 동향을 면밀히 파악하면서 수비에 만전을 기했다. 다음 기록이 그 정황을 구체적으로 보여준다.

제천에 있던 폭도(의병 - 필자 주)는 8월 15일 시모바야시下林 지대에서 내어보낸 스에야스末安 소대를 곤경에 빠트린 이래 점차 증가하여 그 수 6백 명에 달하고 충주를 점령하겠다고 호언하였다. 22일 오전 9시경 2부로 나뉘어, 그 하나는 제천·청풍 가도를, 주력은 제천·주포 가도를 잡아 충주를 향하여 출발하고, 또 그날 강릉에서 왔다고 칭하는 폭도 약 2백 명이 오후 6시 충주를 향해 전진하였다고 한다. 그리하여 아다치 지대가 제천으로 전진하던 중 극히 소수의 폭도와 조우하였을 뿐인 것은 폭도의 경계가 교묘하여 우리 예봉을 피했음에 틀림이 없다. 이들 폭도는 수괴 민긍호의 부하들로, 23일 오전 11시 30분경부터 과연 충주를 습격하였으나 동지 수비대장의 적절한 대비로 인하여 격퇴당하고 사상자 20여 명을 내고 대부분은 충주·청풍 가도 방향으로, 일부는 장호원 방향으로 퇴각하였다.

- 「조선폭도토벌지」, 『독립운동사자료집』 3, 독립운동사편찬위원회, 1971, 691쪽

일본군의 전황보고에 근거하여 정리한 위 글의 요지는 다음과 같다. 제천 일대에서 활동하던 의병이 1907년 8월 15일 제천을 공략한 다음, 즉시 다음 공격 대상을 충주성으로 삼아 8월 22일 청풍과 주포 두 길로 나뉘어 충주로 향하고, 이어 강릉 방향에서 내려온 한 부대가 합류함으로써 세 부대가 충주로 행군한 사실을 파악했다. 곧 이강년을 비롯하여 민긍호와 조동교 등 제천 일대에서 활동하던 의병들이 충주성을 공략하기 위해 길을 떠난 사실을 기록한 것이다. 그럼에도 불구하고 충주에서 제천으로 행군하던 아다치足達 지대는 의병들의 이러한 동향을 거의 파악할 수 없을 만큼 이들의 기동성이 뛰어났다는 점을 인정했다. 그리고 23일에는 마침내 충주에서 의병을 상대로 교전한 사실을 밝히고 있는데, 이 전투를 수행한 주력 부대인 이강년 의병을 민긍호 휘하 의병으로 오인했음을 알 수 있다.

단독으로 충주 공격에 나선 이강년의 호좌의진은 23일 충주성 북문 밖 5리 지점까지 진출하여 일본군과 교전을 벌였다. 일본군이 성 밖까지

나와서 역습하는 바람에 동문 밖 어림마을(충주 안림동 서남쪽 마을)을 지나 양막현良幕峴(현 안림동 약막)으로 물러났지만, 일본군은 어림마을까지 추적하여 마을에 불을 지르면서 의병을 수색했다. 이로써 호서 지방의 요충지 충주성을 공략하려던 계획은 실패하고 말았다. 이후 이강년은 부대를 이끌고 제천 방면으로 회군하여 태장동台長洞(충주호 수몰마을)을 거쳐 제천 한수의 불당곡佛堂谷(수몰마을)으로 퇴각하고 말았다. 그곳에는 을미의병 당시 제천의병의 중요한 조력자인 이주승李冑承·조승肇承 형제가 살고 있었다.

폐허가 된 제천

제천에서 이강년 부대에 의해 일본군이 패퇴했다는 소식이 전해지며 제천·충주 일대에서 항일의병의 기세가 왕성하게 일어나자, 서울의 일제 침략군 본부인 이른바 한국주차군사령부에서는 즉시 현지로 지원병을 증파했다. 이에 따라 일본군 제51연대 소속으로 아다치 중좌가 지휘하는 보병 3개 중대, 기병 12명, 공병 1개 소대에 4정의 기관총으로 중무장한 부대가 1907년 8월 18일 아침에 서울발 경부선 열차로 조치원을 거쳐 우선 충주로 급파되었다. 한편, 충주에 도착한 후 아다치 중좌는 이 부대뿐만 아니라 그동안 배치되었던 충주 수비대와 원주에 주둔해 있던 시모바야시下林 지대의 지휘권까지 행사할 수 있도록 통합 지휘계통을 수립해놓음으로써 중부 지방 의병 탄압의 야전 책임자가 되었다.

아다치 지대는 18일 오전 조치원역에 도착한 뒤 청주를 거쳐 21일 밤에 충주에 도착했고, 이튿날 즉시 제천을 향해 행군했다. 이후 아다치 지대의 주력인 제51연대 제2대대 2개 중대는 아다치의 지휘로 청풍가도를 따라 제천으로 향했고, 제52연대 제2중대는 주포가도를 통하여 제천으로 행군했다. 제천으로 향하던 아다치 지대는 그동안 이강년 부대와 함께 충주성 공략을 위해 발정發程하던 여러 의병들과 산발적인 교전을 벌였던 것으로 보인다. 민긍호·조동교 등이 거느리던 의병들은 결국 아다치 지대와의 교전 때문에 충주성 공략에 합류할 수 없었던 셈이다.

일본군 정보 기록에 따르면 제천으로 행군하는 과정에서 의병과 치른 전투는 상당한 격전이었다. 교전 후 아다치 지대와 통신이 두절되자, 한국주차군사령부에서는 아다치 지대의 안위를 극히 우려한 나머지 25일 오후 보병 1개 중대와 1개 소대 병력으로 구원대를 편성하여 급히 충주로 내려보냈을 정도로 상황이 긴박하게 돌아갔다.

아다치 지대는 이강년 의병이 충주성을 공략하던 8월 23일에 제천에 도착했다. 아다치는 제천에서 아무것도 발견할 수 없었다. 일본군들은 제천이 의병의 근거지이고, 주민들이 의병에게 우호적이고 지원하는 성향이 있다는 이유로 제천 시내 민가를 모조리 소각하여 폐허로 만들었다. 의병 탄압에 나선 일본군의 야만성을 상징하는 구호 '폐허가 된 제천'은 이때 나왔다.

영국 신문 *Daily Mail* 기자 매켄지Frederick Arthur McKenzie는 제천 시가를 폐허로 만든 일본군의 만행을 생생하게 고발하며, 도시가 폐허가 된 직후에 그곳을 지나면서 목격한 참상을 기록으로 남겼다.

프레더릭 매켄지(좌)와 그의 저서 『대한제국의 비극(The Tragedy of Korea)』 표지(우)

매켄지는 스코틀랜드계 캐나다인으로, 1869년 3월 퀘벡시에서 출생하여 1931년 7월 온타리오주 시드넘Sydenham에서 63세로 일기를 마쳤다. 가정적으로는 3남 1녀를 두어 다복했고, 사회적으로는 신문기자이자 저술가로 명성을 떨쳤다. 그의 아들 로버터 T. 매켄지는 영국 런던대학교 사회학과 교수를 지냈으며, 1965년에 그의 부친과 깊은 인연이 있는 한국을 찾아와 특별 강연을 한 적이 있다. 『동아일보』는 1965년 4월 22일자에 「런던대 매켄지 교수 26일 내한」이라는 제목으로 그의 내한 소식을 전했다.

언론인으로서 다채로운 경력을 가진 매켄지는 1900년부터 10년간 영국 런던의 Daily Mail의 기자로 일했고, 그동안 취재차 두 번 특파원으로 한국을 비롯해 동북아시아 지역을 방문한 적이 있다. 서울에 주재하던 1907년 가을, 조잡한 화승총을 지닌 의병이 세계 최고의 일본군을 상대로 전국 곳곳에서 승전했다는 소문에 매켄지는 기자로서 호기심이 발동했다. 그의 표현을 빌리면, 서울에서 들리는 의병의 승전보는 아무리 생각해도 참말 같지 않았다.

어느 날 매켄지는 주변 모든 사람들의 만류를 뿌리치고 의병을 찾아 나섰다. 말을 타고 종자와 식량을 갖추고 길을 떠났다. 그가 착목한 곳이 곧 의병의 진원지로 가장 격렬한 활동 근거지였던 충주·제천 지방이었다.

그가 내려가는 연도의 시골 마을은 평온하고 아름다운 그림 같았다. 조롱박과 호박이 주렁주렁 익어서 집 토담에 매달려 있었다. 지붕은 고추를 말리느라 온통 붉은색으로 뒤덮여 있었다. 매켄지는 충청도 지방을 여행하면서 충청도가 한국의 이탈리아라는 말을 실감했다. 하지만 의병의 흔적은 찾을 수 없었고, 탐문 끝에 이천에 의병이 출몰했다는 소식을 접하고는 이천으로 향했다. 그리고 그 길에 참경을 목격했는데, 그의 표현을 빌리면 다음과 같다.

'일본의 완력'이 어떤 것인가를 거기서 분명히 알 수 있었다. 내 눈앞에 있는 마을은 하나같이 잿더미로 화해 있었다.

- 매켄지 저, 이광린 역, 『한국의 독립운동』, 일조각, 1982, 105쪽

매켄지는 가장 가까운 폐허를 찾았다. 70~80호나 되는 제법 규모가 있는 마을이었던 것 같은데, 마을이 완전히 파괴되어 있었다. 집 한 채

보이지 않고 벽돌 한 장 그대로 남은 것이 없었다. 주민들은 폐허가 된 마을로 돌아와 재건 작업을 하고 있었다. 우선 짚으로 기거할 임시 가옥을 만들었다. 그곳 마을 주민들은 일본군이 마침내 마을을 초토화시켰다며 다음과 같이 말했다.

> 우리 마을 건너편 산에 전투가 있었습니다. 의병이 그곳의 전신주 몇 개를 뽑아버렸습니다. 그들은 다른 곳에서 온 부대로, 우리 마을과는 상관이 없었습니다. 그런데 그들이 물러간 뒤, 우리 동네에 일본군이 들어왔고, 이어 다른 7개 마을에도 주둔했습니다. 일본군은 온갖 험한 말로 위협하며 "너희들도 의병과 꼭 같은 사람들이다. 의병들이 너희 집에 왔을 때 그들에게 밥도 주었겠다. 그러니 그자들이 철수했지만, 대신 너희들을 벌해야겠다." ……
>
> – 매켄지 저, 이광린 역, 『한국의 독립운동』, 일조각, 1982, 106쪽

매켄지는 이천에서 끝내 의병을 만나지 못했다. 그는 발길을 돌려 다시 충주·제천 방면으로 향했다. 그리고 그 길에서 그는 폐허가 된 제천 현장을 보았다. 또 충주로 내려가는 가도에서 일본군이 반 이상 파괴해버린 마을을 목격했다. 그는 충주에서 다시 제천으로 올라갔는데, 두 도시를 잇는 간선 도로변의 촌락과 마을의 8할이 잿더미로 변해 있었다. 그러나 다른 마을의 파괴 정도는 제천에 비하면 아무것도 아니라고 기록했다. 매켄지가 기록한 '폐허가 된 제천'의 실상은 다음과 같다.

일본군의 방화로 폐허가 된 제천

의병이 작전을 개시했을 때 그 한 부대가 제천 너머에 있는 산을 점령했다. 일본인들은 소수의 병력을 이곳으로 파견하였다. 어느 날 밤, 그들은 삼면에서 공격을 받아 몇은 죽고 나머지는 퇴각해야만 했다가 증원군을 파견하여 약간의 전투 끝에 실지失地를 탈환하였다. 그러고 나서, 일본군은 제천을 그 지방 일대에 본보기로 삼기를 결정하고 온 도시에 불을 질렀다. 일본군들은 불꽃을 살피며, 이 고을의 재물을 닥치는 대로 불 위에 쌓아올려 태워버렸다. 불상 하나와 관아를 제외하고는 아무 것도 남지 않았다. 고을 사람들이 도망갈 때 부상한 남자 다섯, 여자 하나, 그리고 어린애 하나를 남겨놓고 떠났는데, 이들은 화염 속에서 사라지고 말았다.

내가 제천에 도착한 것은 볕이 따가운 초가을이었다. 마을을 내려다보는 언덕 위에서, 펄럭이는 일장기는 눈부신 햇볕으로 선명했고, 보초의 총검도 햇볕에 반짝였다. 나는 말에서 내려 걸어와 잿더미 위를 걸어다녔다. 그처럼 철저하게 파괴된 것을 본 일이 없었다. 한 달 전만 해도 분주하고

194   THE TRAGEDY OF KOREA

other towns paled to nothing, however, before the havoc wrought in Chee-chong. Here was a town completely destroyed.

Chee-chong was, up to the late summer of this year, an important rural centre, containing between 2,000 and 3,000 inhabitants, and beautifully situated in a sheltered plain, surrounded by high mountains. It was a favourite resort of high officials, a Korean Bath or Cheltenham. Many of the houses were large, and some had tiled roofs—a sure evidence of wealth.

When the "Righteous Army" began operations, one portion of it occupied the hills beyond Chee-chong. The Japanese sent a small body of troops into the town. These were attacked one night on three sides, several were killed, and the others were compelled to retire. The Japanese despatched reinforcements, and after some fighting regained lost ground. They then determined to make Chee-chong an example to the countryside. The entire town was put to the torch. The soldiers carefully tended the flames, piling up everything for destruction. Nothing was left, save one image of Buddha and the magistrate's yamen. When the Koreans fled, five men, one woman, and a child, all wounded, were left behind. These disappeared in the flames.

It was a hot early autumn when I reached Chee-chong. The brilliant sunshine revealed a Japanese flag waving over a hillock commanding the town, and glistened against the bayonet of a Japanese sentry. I dismounted and walked down the streets and over the heaps of ashes. Never have I witnessed such com-

THE RUINS OF CHEE-CHONG   195

plete destruction. Where a month before there had been a busy and prosperous community, there was now nothing but lines of little heaps of black and grey dust and cinders. Not a whole wall, not a beam, and not an unbroken jar remained. Here and there a man might be seen poking among the ashes, seeking for aught of value. The search was vain. Chee-chong had been wiped off the map. "Where are your people?" I asked the few searchers. "They are lying on the hillsides," came the reply.

Up to this time I had not met a single rebel soldier, and very few Japanese. My chief meeting with the Japanese occurred the previous day at Chong-ju. As I approached that town, I noticed that its ancient walls were broken down. The stone arches of the city gates were left, but the gates themselves and most of the walls had gone. A Japanese sentry and a gendarme stood at the gateway, and cross-examined me as I entered. A small body of Japanese troops were stationed here, and operations in the country around were apparently directed from this centre.

I at once called upon the Japanese Colonel in charge. His room, a great apartment in the local governor's yamen, showed on all sides evidences of the thoroughness with which the Japanese are conducting this campaign. Large maps, with red marks, revealed strategic positions now occupied. A little printed pamphlet, with maps, evidently for the use of officers, lay on the table.

The Colonel received me politely, but expressed his regrets that I had come. The men he was fighting were mere robbers, he said, and there was nothing for me

맥켄지가 고발한 '폐허가 된 제천'(The Ruins of Chee-Chong)

번창했던 도시가 지금은 새까만 먼지와 잿더미로 화해버렸다. 벽 하나, 기둥 하나, 장독 하나도 온전히 남은 것이 없었다.

— 매켄지 저, 이광린 역, 『한국의 독립운동』, 일조각, 1982, 112쪽

폐허가 된 제천의 실상은 참혹했다. 그는 분주하고 번창했던 도시가 '새까만 먼지와 잿더미'로 바뀌었다고 표현했다. '한 달 전만 해도'라는

표현이 있는 것으로 보아 매켄지는 아다치 지대가 제천을 초토화한 지 한 달이 지난 9월 하순 무렵 제천을 지났을 것으로 추정된다. 매켄지는 전날 제천을 이렇게 만든 일본군을 충주에서 실제로 만났다. 충주 관아에 주둔해 있던 일본군 대좌를 만난 것이다. 일본군 12사단 예하 부대로 한국에 파견되어 의병 탄압의 선봉에 섰던 제14연대 연대장 기쿠치 도노모菊池主殿 대좌였다. 기쿠치 대좌는 의병 포위 탄압작전의 개황을 설명하면서 매켄지에게 신변의 위험을 경고했다고 한다.

문경·단양·영월·영주 지역 항일전

문경 지역 항일전

조령 지구 항일전

일본군에 의해 제천이 초토화된 뒤, 이강년은 휘하 의병을 거느리고 문경 조령 지구로 항일전의 무대를 옮겼다. 문경은 이강년의 본향이며 그가 본래 활동하던 근거지이기도 하다. 이강년 부대가 이동한 여정의 대략을 보면, 8월 24일 한수의 불당곡을 출발한 뒤 월악리를 지나 단양 궁동宮洞(단성 벌천리 소재)으로 이동했고, 그 뒤 다시 풍기 도촌道村(현 예천군 상리면 도촌리)과 명봉사鳴鳳寺를 경유한 뒤 행군을 계속하여 문경 동로면의 적성赤城과 평촌坪村 일대로 접근했다. 이강년은 행군을 계속하며 문경 산북면 이정梨亭·김룡사金龍寺·용연龍淵·당포를 거쳐 9월 7일에는 문경 읍내로 무혈입성했다.

충주에서 문경으로 이동하는 동안 월악에서는 일제에 협력하여 협잡을 일삼았던 홍경시洪慶時를 단죄했고, 단양 신구동新邱洞(현 대강면 신구리)에서는 원용팔을 기만하여 곤경에 빠트렸던 김교홍金敎弘을 붙잡아 징치했다. 그리고 풍기 도촌에서는 일진회원 김상호金商虎와 일본 정토종을 믿고 포군을 교묘히 흩트려 항일전을 방해한 김기찬金基燦을

이인영 의병장

처단하는 등 도처에서 친일 반민족 세력을 단죄하는 데도 앞장섰다. 또 문경 황두黃頭(현 산북면 한두리 마을)에서는 일본어를 가르친다는 이유로 교회당을 불태웠다.

이강년이 문경 지역으로 이동한 것은 제천 일대의 의병세력 탄압에 혈안이 된 일본군 아다치 지대의 예봉을 피하기 위해서였다. 원래는 일본군이 주둔해 있던 풍기를 공략할 계획이었으나, 일본군이 영주 방면으로 모두 철수했다는 정보를 접하고 교통의 요지 조령이 있던 문경으로 이동해 왔다. 실제로 이강년이 이동한 9월 초에 문경 조령 일대에는 소수의 일본군만이 배치되어 있었으나, 이강년 부대를 비롯한 여러 의진이 이 일대로 모여들게 되자, 일본군도 신속하게 투입되었다.

이강년 의병이 문경으로 이동한 뒤 각지 의병들도 곧 모여들었다. 조동교 부대도 참여했다. 그리고 이 무렵 경기도 여주에서 남하한 의진도 있었다. 여주 의병장 김현규金賢圭가 해산 군인들이 다수 포함된 의병을

조령 제1관문 주흘관

이끌고 내려왔고, 이인영李麟榮이 거느리던 의병도 이즈음 문경에서 활동했으며, 경기도 광주에서 내려온 남상목南相穆 의병도 이 무렵 조령 일대에서 활동한 것으로 확인된다. 뒤이어 이강년 의병을 탄압하기 위해 문경으로 들어간 일본군 제14연대는 조령 일대 의병의 규모를 1,500명으로 파악하고 있었던 점이 그 정황을 보여준다.

이강년은 휘하 의병을 요로에 배치하면서 여러 의진과 연합하여 장차 있을 항일전에 대비했다. 후군장 신태원申泰元을 노고성老姑城(현 문경 동로면 간송리 할미성)에 주둔하도록 하고, 좌익장 김영식金永軾과 참모 이정래李淨來에게 이화령 수비를 담당하도록 했으며, 천보락千普洛에게는 관음원觀音院을 지키게 군사를 배치했다. 그리고 이강년은 조동교·김현규 부대와 함께 조령 아래 길목인 모항령毛項嶺(털목고개)를 지키면서 일본군과 결전을 대비했다.

이처럼 9월 초에 이르러 이강년이 이끄는 호좌의진을 비롯한 조동교 부대, 이인영 부대 등 여러 의진이 문경으로 집결하자, 대규모의 일본군

일본군 14연대의 의병 탄압 「진중일지」

이 이 지역으로 급거 출동했다. 의병이 일본군의 전선을 파괴하고 침략 기관을 공격하자 위협을 느낀 이 지역의 일본인들은 일본군 병참이 있는 함창으로 급히 피신했다. 그 상황을 보고받은 소위 한국주차군 사령관 하세가와 요시미치長谷川好道는 영남과 호서 지방의 관문이 되는 문경 지역이 가지는 전략적 중요성을 감안하여 남부수비관구 사령관 요다依田廣太郎 소장에게 명하여 문경 지역의 의병을 탄압하도록 하고, 북부수비관부 관하의 아다치 지대로 하여금 문경 지역의 의병 탄압을 지원토록 했다. 이에 따라 남부수비관구 사령관은 휘하 보병 14연대장 기쿠치菊池主殿 대좌에게 소위 '토벌대'를 편성해서 의병부대를 남쪽에서 압박했다.

이때 문경의 조령지구 의병 탄압에 동원된 일본군 보병 제14연대는 일본 규슈의 고쿠라小倉에 사령부를 둔 제12사단(사단장 육군중장 淺田新興) 소속으로 7월 26일 부산을 침략하여 의병 탄압에 동원된 부대였다. 제14연대는 제47연대와 함께 2개 연대로 제12여단을 이루었으며, 그 여단장 요다 소장이 남부수비구 사령관을 겸했다. 곧 문경에서 활동하던 시기의 이강년 의병 탄압에 동원된 일본군은 한국주차군 사령관에서부터 남부수비관구 사령관(제12여단장)을 거쳐 제14연대장 기쿠치 대좌로 연결되는 지휘, 명령 계통을 가진 부대였다.

일본군 제12여단장 겸 남부수비관구 사령관은 9월 5일 제14연대와 제47연대로 경상북도 지역 의병을 탄압하기 위한 '토벌대'를 편성하도록 하고 그 대장에 제14연대장 기쿠치 대좌를 임명했다. 이에 따라 '토벌대'는 대대별로 3개 종대씩 총 6종대로 편성되었는데, 총지휘는 기쿠치가 맡았다. 그는 1895년 일본군이 타이완을 점령할 때 참전했던 전투 경험이 풍부한 지휘관이었다.

연대장 기쿠치는 6개 종대 가운데 제3종대를 직접 이끌고 지휘했다. 제3종대는 태봉에 도착한 뒤 다시 문경 방향으로 들어갔고, 문경에 주둔한 연대장이 탄압작전을 지휘했다. 우선 정찰병을 파견하여 정보를 수집한 결과, 이강년 등이 이끄는 의병이 1,500명에 달하고 대승사大乘寺·김룡사金龍寺·적성사赤城寺 등이 활동 근거지임을 확인하고 탄압작전을 준비했다.

기쿠치의 일본군 제3종대가 문경 남쪽에서 압박을 가해오는 상황에서 북쪽에서는 아다치 지대가 단양 방면으로 진출하여 의병의 퇴로를 차단하면서 이강년 의병은 남북에서 협공을 당하는 형세로 몰렸다. 이

의병의 근거지였던 문경 김룡사(상)와 대승사(하)

강년 부대가 모항령에 주둔해 있던 1907년 9월 9일 새벽, 수안보 방면으로 진출한 아다치 휘하의 1소대는 조령을 지키던 의병을 기습했다. 당시 그곳 수비를 담당한 의병은 조동교 부대였다.

그런데 일본군이 몰려온다는 정보를 들은 조동교는 이인영 부대에게 수비를 대신하게 하고 자신의 부대를 이동시켰다. 결국 조령 관문을 지키다가 일본군의 공격을 받은 이인영 휘하 의병 가운데 다수가 희생되었다. 조동교의 이러한 기회주의적 행위에 대해 이강년은 "적을 피하고 화를 떠넘긴 죄는 정말로 베어버릴 만하다"고 격분했다.

　조동교 의진뿐만 아니라 김현규 의병도 이때 이인영 의병이 가진 신식 무기를 가로채 급히 철수했고, 일본군은 의병의 근거지를 없애기 위해 조령의 주막 등 가옥을 불태우는 만행을 저질렀다. 이러한 상황에서도 이강년은 조령 파수 의병 희생자들을 외면할 수 없었기에 도총독장 이만원과 우선봉 백남규, 좌익장 최용출崔用出 등을 조령으로 보내어 시신을 거두어 매장하게 했다.

갈평 승첩

이강년은 휘하 의병을 거두어 전략 요충지 조령을 포기하고 철수했다. 이 일대에 뻗친 일본군이 강한 압박을 가했고 조동교·김현규 등 여러 의진들이 이탈했으니, 전력을 재정비할 필요가 있었기 때문이다. 이에 이강년은 군사들을 거느리고 상초곡上草谷(현 문경읍 상초리)을 지나 하초곡으로 이동한 뒤 이화령을 지키던 의병들을 불러 요성堯城(현 문경읍 요성리)에 잠시 주둔했다. 그의 부대가 상초곡을 지날 때는 부근 혜국사惠國寺의 승려들이 밥을 지어 가져와 의병들에게 제공했을 정도로 주민들의 적극적인 지지와 원조를 받았다.

　이강년 부대가 잠시 요성에 머물며 전열을 정비하는 동안, 부근 갈평에서 의병과 일제 군경 간에 교전이 벌어져 포성이 크게 일고 연기와 불길이 하늘을 덮고 있다는 정보가 들어왔다. 안동수비대의 미하라三原 소위가 이끄는 병력과 나가타니永谷 경시警視가 인솔하는 경찰대 등 일제의 이른바 군경합동토벌대가 앞서 조령에서 철수한 조동교·김현규 의진을

일본군에 의해 폐허가 된 마을 주막

상대로 벌인 전투였다. 곧이어 이들 의병을 격파한 일제 군경은 갈평 일대의 민가 100여 호를 불태우고 휴식을 취하고 있었다. 갈평에서의 교전 소식을 듣고 이강년은 "남은 나를 저버릴지언정 나는 남을 저버릴 수 없다"고 하면서 조동교·김현규 의병을 구원하기 위해 다급하게 현지로 출동했다.

이강년의 호좌의진은 일본군을 추적하여 갈평 아래 용연龍淵까지 이르렀다. 이때 일본군이 용연 마을을 불태우는 바람에 화광이 하늘에 뻗치고 있었다. 이강년은 즉시 군사를 매복시켜 일본군과 교전을 벌였다. 『창의사실기』에는 일본군을 추격하여 교전하던 당시 상황이 다음과 같이 비교적 자세히 기술되어 있다.

(조동교·김현규 두 의진을) 구원하러 가는 도중에 보고를 탐지하니 적 40여 명이 김현규와 조동교 두 의진을 기습 격파하고, 민가 100여 호를 불태웠

다고 한다. 이에 추적하여 용연龍淵에 이르니 (민가를 불태우는) 화광이 하늘에 닿았다. 군사들을 지휘하여 전진하고 산에 올라 사방에서 포위하고 일제히 사격하여 죽이니 적병이 패하여 달아났다. 날이 이미 저물어 어두웠는데 왜총倭銃 두 자루, 탄환 50개, 철모 두 개, 약품, 마른 양식, 기계류 등의 물류를 노획하였는데 이루 다 적을 수 없을 정도였다.

- 박정수·강순희 편, 구완회 역, 『국역 창의사실기』, 2014, 51쪽

이 기록에 따르면, 이강년 부대는 갈평에서 김현규·조동교 두 의진을 패산하게 한 다음 민가를 소각하고 이웃 마을 용연으로 이동하여 민가를 불태우던 40여 명의 일제 군경을 사면에서 포위해 기습한 끝에 많은 군기류를 노획하는 전과를 거두었다. 당시 의진의 포위공격 진용에 대해 『운강선생창의일록』에서는 우선봉 백남규가 수백 명을 거느리고 갈평의 남산을, 좌선봉 하한서는 400명을 거느리고 갈평의 북산을, 우군 선봉 권용일權用佾이 수백 명을 데리고 동산에 올라가 지키는 가운데 총독장 이만원이 중앙을 공격하면서 일제히 사격을 가했다고 기록되었다. 의병의 기습공격을 받게 되자 일제 군경은 미처 대비할 사이도 없이 군수물자를 버려둔 채 급하게 도망쳤다. 이날 거둔 갈평 승첩은 이강년이 수행한 항일전에서 가장 완벽한 승첩으로 기록되었다. 그만큼 의진의 사기를 크게 북돋운 전투였다.

갈평 승첩 다음 날에도 의병의 공세는 계속되었다. 당포 방향으로 행군한 의병은 일본군의 행방을 탐지하여 추적한 끝에 순검 한 명과 일본군 한 명을 처단했다. 이날 처단한 일본군은 호코다 산타로戈田三太郎로,

갈평승전 60주년 기념으로 1967년에 건립된 경모각(좌)과 기념비(우)

그 신분과 계급이 분명하지 않지만 『창의사실기』에서 분명히 그 성명을 언급하고 있는 점과 그를 사살하는 데 공을 세운 포군에게 상금을 지급했다고 한 점 등으로 미루어 장교였을 것으로 짐작된다. 이후 공덕산의 대승사大乘寺로 이동해 유진하는 동안에는 용연 주민들이 일본군을 잡아와 단죄하기도 했다. 이 무렵 조령에서 일본군의 공격을 받고 물러나 인근 각지를 전전하던 이인영의 관동의진이 합류해 더욱 전력이 향상되었다. 일제는 이 무렵 의병의 규모를 1,000여 명으로 추산했다.

이강년은 이후 명봉사鳴鳳寺를 거쳐 월감月鑑(현 예천군 하리면 월송동 월감)과 상백上白(현 예천군 상리면 백성동 상백) 방면으로 이동했다. 명봉사를 지날 때는 좌선봉 하한서가 군사들을 거느리고 와서 합류했고, 9월 15일 상백에 도착했을 때는 후군장 신태원이 적성 전투에서 패했다는 소식을 듣게 되었다. 이에 이만원李萬源에게 지시하여 천보락 등 일부 군사들을 거느리고 적성으로 가 36명의 사상자들을 수습하게 했다. 그리고 이강년은 배음치背陰峙(뱀재, 예천 상리에서 단양 대강으로 넘어가는 고개)를 넘어 단양 가리점加里店(현 대강면 남조리)을 지나 성금星金(현 대강면 성금)으로 이동했다.

이때 적성에서 패해 부상을 입고 퇴각한 후군의 중군장인 이중봉李重鳳과 포군 김흥룡金興龍 등이 실려왔으므로 이들을 동면 가리점으로 후송했다. 이때 부상당한 의병들을 후송해온 사람들은 그 지역 주민들로, 이들의 정성과 고초에 대해 『창의사실기』에는 "탄환을 맞은 이중봉은 들것에 실려왔고, 포군 김흥룡 등 여러 명도 부상하여 모두 가마를 타고 있었다. 높은 산고개의 험한 길을 달려왔으니 가마를 어깨에 둘러메고 온 백성들의 사정이 정말로 딱하고 안타까웠으나 형편상 어쩔 수 없었다"라면서 이들의 노고에 보답할 수 없던 안타까움을 절절히 기록했다.

한편, 이에 앞서 함창에서 합류한 기쿠치 부대의 제3·4종대는 김룡사와 그 서북쪽 암자 대성암大成庵 부근을 수색했으나, 이미 이강년 부대의 주력은 그곳을 떠난 지 1주일이나 지난 뒤였다. 뒤이어 제4종대는 적성 방면으로 진출했고, 신태원이 거느리던 후군을 습격하여 36명의 사상자를 냈다. 일본군은 신태원 부대를 이강년의 주력으로 오인했기 때문에 영주 지역에서 수색 중이던 제2종대까지 신태원 부대를 추적하게 되었다. 그동안 이강년 본진은 단양의 가리점을 거쳐 이인영 의진과 함께 원도상이 있던 보산으로 이동하여 일본군의 추적을 멀리 따돌렸다.

단양·영월 지역 항일전

영춘 1차 유치 전투

문경을 벗어나 단양으로 북상한 이강년 부대는 일시 영춘에 머물며 전열을 정비했다. 이강년이 영춘에 도착했을 때는 이미 일본군이 읍내를 불태워 폐허로 만든 뒤였다. 이강년은 차마 주민들이 거주하는 장소에 부대를 주둔시키지 못하고 향교로 들어갔다. 그 뒤 명륜당에 머물면서 각 면의 집강執綱과 재임齋任을 소집하여 의병을 지원해달라고 호소했고, 이에 집강과 재임들은 그곳 재력가들을 지목해 군량미·의복 등 군수품 할당량을 배정하여 의진을 지원하도록 했다.

영춘에서는 단양 지역에서 의병을 일으켜 항일전을 수행하던 이명상李明相 의병부대와 연합했다. 또 소모장 원건상元建常이 삼척 지역에서 소모한 군사를 거느리고 의진에 합류해와서 전력이 한층 강화되었다. 문경에서 잠시 합진했다가 헤어진 뒤 단양 묵석동黙石洞(현 단양군 적성면 상리)에서 패하고 부근을 전전하던 청풍 의병장 조동교도 휘하 의병을 거느리고 다시 합진을 요청해왔다. 이강년은 이전에 신뢰를 저버렸던 조동교에게 불편한 심기를 갖고 있었으나 대승적 입장에서 합진 요청을 받아들였다.

이명상 부대와 연합한 이강년이 조동교 부대와 합진한 날은 추석 전날인 1907년 9월 21일이었다. 이에 이강년은 의병 가운데 고향이 가까

일본군이 불을 질러 폐허가 된 마을

일본군이 초토화시킨 마을

이 있는 자들에게는 휴가를 주어 추석 명절을 쇠게 했다. 또 보산의 원도상이 보내온 술과 떡을 각 진에 고루 나누어주어 객지에서 명절을 보내는 군사들의 울적한 심사를 달랬다. 또 이 무렵 한곡閑谷에서 도착한 군량미도 각 의진에 고루 분배했다.

추석이 지난 뒤 이강년 부대는 영춘 남천南川으로 옮겨 주둔했다. 삼척에서 소모해온 의병들은 율치栗峙(밤재, 영춘 동대리에서 상리로 넘어가는 고개)의 좁은 길목을 지키게 했다. 좌선봉 하한서에게는 군사 50명을 데리고 원주 배향산에 가서 숨겨놓은 탄환을 운반해오도록 했다. 하지만 일본군에게 진로를 차단당해 배향산에 이르지 못한 채 회군하고 말았다.

1907년 9월 25일, 일본군이 순흥 방면에서 접근해온다는 정보가 들어왔다. 이강년은 휘하 의병 100여 명을 거느리고 남천 북쪽의 유치檢峙(느릅재, 하리의 느릅실에 있는 고개) 방면으로 출동하여 전투태세를 갖추는 한편, 조동교가 거느리는 부대도 향교 앞 산록으로 배치해 협공태세를 갖추었다. 이때 일본군은 향교 뒤 길가의 골짜기 입구에 이르러 일제히 사격을 개시했다. 의병들은 고개 위에 올라 총을 쏘았으나 계곡을 사이에 두고 있었던 까닭에 사정권에 미치지 못해 적에게 타격을 줄 수 없었다. 1시간 정도 접전을 벌였지만 승부가 나지 않았고, 날이 저물자 역습을 우려한 이강년은 교전을 그치고 남촌 남쪽의 성곡城谷 마을로 물러났다.

일본군은 의병과 전투가 격렬해질수록 주변 마을에 불을 질러 폐허로 만드는 만행을 서슴없이 저질렀다. 우선 영춘 읍내로 들어가 하리下里 시장을 불태워 그 화광과 연기가 하늘까지 뻗쳤다. 이강년은 일본군을 추적하여 단양·청풍의 별초군과 우선봉 부대를 이끌고 읍내까지 갔으나, 일본군은 이미 영월로 이동한 뒤였다. 그 사이에 일본군은 또 상리의 납태納吉(느티) 마을을 방화하여 초토화시켰다. 당시 불에 탄 가옥이 읍내 전체의 3분의 1 정도인 70~80호나 되었고, 군수 이하 관리들은 모두 도망간 상태였다.

일본군의 만행으로 주민들은 극심한 공포감에 휩싸였다. 이강년이 폐허로 변한 하리 마을을 둘러보고 "주민들은 적을 두려워하여 물건들을

일본군이 불태웠던 영춘 시가지의 현재 모습

감히 옮기지도 못하다가 아군을 보자 서로 부르며 짐을 짊어지니 그 형편이 딱하였다"고 한 기록으로 그 정황을 짐작할 수 있다. 한편 일본군 전황보고에는 1907년 9월 25일의 유치 전투 사실이 다음과 같이 기록되었다.

> 기쿠치 대좌는 그 제3대대장 에자와^{江澤} 소좌가 인솔하는 제11중대(1소대 결) 및 제12중대에 명하여 24일 영천을 떠나 영춘·영월 방면을 소탕시켰다. 25일 저녁 영주를 수비하고 있던 니시오카^{西岡} 중대는 죽령을 넘어 영춘으로 진출하여 그곳에서 약 3백 명의 폭도와 충돌, 교전 약 한 시간 후 그들을 궤주시켰다. 이 폭도는 이강년이 지휘하는 집단으로 원주·안동 진위대의 해산병을 가담시키고 있는 폭도로, 우리의 맹렬한 추격에 의하여 지리멸렬, 사상자 약 50명을 버려두고 산간으로 도주하였다.
>
> ─「조선폭도토벌지」, 『독립운동사자료집』 3, 독립운동사편찬위원회, 1971, 699쪽

일본군 기록은 의병 측 기록과 전황 면에서 완전히 다르다. 일본군 기록에 따르면, 이강년이 인솔하던 300명의 의병들은 니시오카가 인솔하던 일본군 중대와 영춘에서 1시간 동안 교전한 끝에 50명의 사상자를 내는 등 패전해 도주했다는 것이다. 일본군의 전과 기록은 여러 정황으로 보아 물론 과장된 것이지만, 양측의 기록을 비교해 살펴보면 이날 영춘 유치 일대에서 벌어진 전투는 쌍방 치열한 교전 끝에 날이 저물게 되자 확실한 판가름 없이 멈춘 것으로 짐작된다.

청풍 의병장 조동교 처단

이강년은 9월 29일 영월 장릉莊陵 동구洞口에 주둔하면서 그동안 수차례 민폐와 비행으로 물의를 일으킨 청풍 의병장 조동교를 비롯해 군대의 기율을 문란하게 한 군사 3명을 총살했다. 이강년의 입장에서도 조동교는 비중있는 인물이라 처단하는 것이 부담스러웠지만, 의진의 기율과 명분을 바로세우기 위해 어쩔 수 없이 결행해야 할 사안이었다.

청풍 의병장 조동교는 이강년과 동지관계로, 전기의병 때부터 함께 의병투쟁을 벌인 인물이었다. 1907년 의병을 재기한 뒤에도 항일전을 수행하는 과정에서 이강년은 조동교 부대와 이합집산을 계속하면서 긴밀한 관계를 유지해왔다. 하지만 이강년과 관계가 늘 불편했고, 여러 가지 폐단을 야기하기도 했다. 다음과 같은 기록이 이강년과 조동교의 불편한 관계, 나아가 조동교의 비행과 비리의 정황을 짐작하게 해준다.

공(이강년 – 필자 주)이 지난날 못된 짓을 하던 것을 크게 미워하였으나 저들이 이미 몹시 곤궁하고 동정을 구걸하므로 차마 물리치지 못하고 허락하여 먹는 것이라든가 입을 것을 본진과 똑같이 해주었다. (조동교가 이끄는) 단양의진의 장졸에게도 똑같이 먹을 것을 주었다. (영월군 김삿갓면 각동리) 괴목 나루의 참호에 가서 지키는데, 조동교만이 홀로 빈 읍내에 누워 있으면서 피난민이 감춰둔 양식이나 장醬이나 옷가지를 파헤쳐서 자기 물건 챙기듯이 하였고, 타고 남은 자리에 있는 딱한 백성들을 잡아다가 침범하고 포악하게 행동하기를 수없이 하니 어린아이들마저 모두 울부짖으며 두려워 피하였다. 들리는 소식이 놀라웠으므로 공이 심하게 책망하였으나 식량을 주는 것은 줄이지 않았다.

- 박정수·강순희 편, 구완회 역, 『국역 창의사실기』, 2014, 57쪽

이강년은 조동교에게 품은 불만이 컸음에도 합진을 받아들였고, 또 청풍의진의 군사들에게도 본진과 똑같이 의복과 음식을 제공하는 등 차별하지 않았으며, 그럼에도 불구하고 조동교는 민간에 여러 가지 작폐를 야기하는 등 비행을 저질렀다는 사실을 강조하고 있다. 곧 이강년의 넓은 아량과 정의로움을 강조하고, 역으로 민폐를 야기한 조동교의 비행과 부정을 부각한 것이다.

비행을 자행하던 조동교는 의진이 장릉 동구에 머물 때 이강년에게 반기를 들고 난동을 일으켰다. 곧 조동교 휘하의 한 군사가 소란을 일으키자 이강년이 이를 징벌한 사건을 구실로 반기를 들었던 것이다. 이강년은 부장에게 조동교를 결박하도록 한 뒤 그를 처단했다.

조동교를 단죄한 것은 항일전을 수행하던 이강년의 입장에서는 읍참

마속泣斬馬謖의 심정으로 내린 부득이한 결단이었다. 이 사건은 또 의진 간 연합으로 발생한 내부 동요와 분열의 단면을 보여주는 사례이기도 하다. 그러나 이강년으로서는 이로써 중대한 고비를 넘긴 셈이었다.

영월 전투

조동교를 처단한 후, 이강년은 휘하 의병을 이끌고 영월 읍내로 들어가 잠시 머물렀다. 항일전을 지속하려면 그동안 일시 흐트러진 전열을 가다듬어야 했다. 이 무렵 이강년은 이명상이 이끄는 단양의병과 긴밀하게 공조하면서 공동으로 항일전을 전개하기로 약속했다. 이 무렵 또 영월 일대에서 소모장으로 활동하던 남필원南泌元이 모은 군사들도 합류해 와서 전력 증강에 도움을 주었다.

이강년은 읍내를 벗어나 험준한 지형을 이용해 항일전을 펴고자 영월 하동의 내리內里와 거석擧石(현 와석리)으로 내려왔다. 이때 영월읍에서 활동하던 정보원에게서 30명 규모의 일본군 한 부대가 제천 방면에서 영월 읍내로 들어와 주둔하면서 진지를 구축하고 있다는 정보를 입수했다. 이강년은 단양의진과 함께 즉시 영월읍을 공략하기로 결정하고, 영월읍에 근접한 진양晉陽(현 영월읍 정양리)으로 행군하여 읍내 공략을 위한 최종 준비에 들어갔다.

10월 6일 새벽, 의병들은 진양을 떠나 행군하여 영월읍과 강을 사이에 두고 마주보는 덕포德浦의 독산獨山에 이르렀고, 곧 강을 건너 영월읍에 주둔한 일본군을 향해 일제히 사격을 개시했다. 일본군은 이때 읍내 북쪽에 위치한 창절사彰節祠 뒤 언덕의 참호에 몸을 숨긴 채 응전하기만

이강년 의병의 격전지였던 영월의 창절사 일대

할 뿐 공세를 취하지 않았다. 의병 측에 비해 화력은 우세했지만 수적으로는 절대 열세였기 때문이었다. 우선봉 백남규는 이 전투에서 단신으로 일본군 진지 앞까지 달려들어 초가집에 불을 질러 일본군이 진지 밖으로 나오도록 하는 등 분전했으나 별다른 효과가 없었다.

또 좌군장 이용로와 좌선봉 하한서가 휘하 의병들을 거느리고 읍의 서남쪽 산기슭에 자리 잡고 일제히 사격했으나 사거리가 너무 멀어 탄환이 일본군 진지에 미치지 않았다. 김상태가 이끄는 중군도 새벽부터 한낮이 되도록 맹렬히 공격했으나 일본군은 끝내 진지에서 이탈하지 않고 끝까지 자리를 고수했다. 참호 속에서 일본군은 우수한 성능의 소총으로 의병을 향해 간간이 응사했기 때문에 수적으로 절대 우위에 있었지만 일본군을 완전히 제압할 수는 없었다.

이강년 의진은 결국 9시간에 걸쳐 일방적으로 공격을 했는데도, 날이 어두워지자 전투를 중단하고 남쪽으로 이동하여 하동의 각동角洞 방면으로 철수할 수밖에 없었다. 이로써 영월 전투는 특기할 전과를 거두지 못한 채 종료되고 말았지만, 그럼에도 불구하고 이강년 부대의 용맹을 널리 알리는 계기가 되었다. 『황성신문』(1907년 10월 12일자, 「지방소식일통」), 『대한매일신보』(1907년 10월 12일자, 「지방소식」) 등 여러 신문이 영월 전투의 실상과 전황을 다투어 보도하면서 이강년 부대의 활동을 세상에 널리 알렸다.

신림 싸리재 전투

영월 전투 후 이강년은 부대를 거느리고 다시 영춘을 거쳐 10월 중순 무렵 제천 방면으로 이동했다. 그간의 행로를 보면 두음斗音(영월 남쪽 강 건너 마을)으로 내려온 뒤 영춘의 병두屛杜(현 용진리), 설아雪阿(현 오사리 설아동), 원곡遠谷(현 남천리 멀골) 등지와 주천의 신평新坪(현 용석리 새들)을 지나 제천 송학의 송한松寒에 이르렀다.

그동안 병두에서는 충주 경찰주재소 순검 한 사람이 밀정으로 의병에 잠입한 사실을 확인하고 그를 처단했다. 또 전 정언正言 김상한金商翰이 10여 명의 군사를 모아 찾아오자, 이강년은 그를 별진장別陣將으로 임명했다. 이 무렵 이강년은 군사를 나누어 소규모 부대 단위로 활동을 벌이고 있었다. 연풍 방면으로는 총독장 이만원, 우군장 이중봉, 선봉장 권용일 등을 보내 일제 군경 상당수를 사살하는 전과를 올렸고, 김상한 별진장도 영춘 지역에서 활약했다.

원주 방면에서는 전군장 윤기영이 부대를 거느리고 항일전을 수행했고, 주천의 도천桃川에서는 주광식朱光植이, 그리고 영월의 천상면과 북

문경·단양·영월·영주 지역 항일전 무대(1907년 9~11월)

면 등지에서는 남필원이 각각 소모장에 선임되어 의병을 모으면서 활동하고 있었다. 곧 한창 항일전을 전개하던 무렵인 1907년 10월 전후에는 단양·영월·주천·제천 등지에서 이강년 휘하 소규모 부대들이 일제 군경을 상대로 도처에서 동시다발적으로 항일전을 전개하면서 기세를 올렸다.

이강년은 영월·단양 방면에서 항일전을 수행한 뒤 근거지 제천으로 돌아오던 무렵에「사졸서계문士卒誓戒文」이라는 포고문을 발포했다. '사졸에게 맹세하고 경계하는 글'이라는 의미의 이 경계문은 의병이 처한 상황과 의무를 분명하게 밝히기 위해 지은 것이었다.

우리 동지들이여, 오늘이 어느 때이며 이 일이 어떤 일인가? 5백 년 종사 예악이 모두 진토 속에 묻혀버리고, 3천 리 강토와 인민이 어육魚肉이 되었으니, 이때를 당하여 짐승이나 오랑캐로 자처하고 그냥 앉아 있어야 옳단 말인가? 장차 위로는 국가를 돕고 아래로는 집을 보전하며 기어이 우리 임금의 큰 욕을 씻고, 기어이 우리 국모의 깊은 원수를 갚으며, 기어이 우리 동방의 제도를 회복하고, 기어이 우리 신자臣子의 직분을 다해야만 한다. 그리하여 먼저 날뛰는 외적을 없애고, 다음으로 내적內賊의 무리를 목 베어 다시 광명하고 깨끗한 천지를 보아야만 우리 의병의 임무를 다하는 것이다. 책임이 지극히 중하니, 혹시라도 사사로운 일로 공사를 해치지 말 것이며, 재물로써 의리를 손상하지 말 것이며, 장수로서 계획을 느리게 말 것이며, 군사로서 영을 어기지 말 것이라. 오늘날 간난고초를 함께 하는 일은 바로 앞날의 환락을 함께할 큰 계기가 되는 것이다. 우리 동지들은 제각기 마음에 깊이 새길지어다.

- 『국역 운강이강년전집』, 청권사, 1993, 457~458쪽

이 포고문에서는 사졸로서 지켜야 할 덕목과 의병이 지향하는 목적을 명분론적 관점에서 천명했다. 곧 의병이 지향하는 목적은 내적과 외적을 구축하여 광명한 천지를 회복하고 군왕의 치욕과 국모의 원수를 갚음으로써 민족자존을 회복하는 데 두었다. 이를 위해 의병은 "사사로 공사를 해치지 말고, 재물로 의리를 손상하지 말고, 장수로 계획을 느리게 말고, 군사로 영을 어기지 말 것" 등을 구체적으로 규정하여 제시했다. 사졸들을 경계하는 포고문을 발포한 이유는 반기를 든 조동교를 처단하

고 흐트러진 군기를 바로잡기 위해서였다.

이강년 부대는 10월 20일 제천을 떠나 원주 배향산을 향해 북상길에 올라 신림의 도룡동道龍洞(현 황둔리 신목정)에 이르렀다. 이곳에서 군사들을 이끌고 온 전군장 윤기영을 만났다. 윤기영은 강원도 선유사 홍우석洪祐晳이 원주 지역에서 항일전을 수행하던 민긍호를 회유하기 위해 작성한 글을 입수하여 이를 이강년에게 제공했다. 이것을 본 이강년은 선유사의 귀순공작을 단적으로 '물에 빠진 귀신이 사람을 끌어들이는 것'이라고 비유하면서 분개했다.

이강년 부대는 조금 더 북상하여 주천의 도천桃川으로 행군했다. 이때 소모장 주광식朱光植이 휘하 의병 90명을 거느리고 합류해와서, 이강년은 그를 후군장에 임명하여 전력을 보강했다. 이때 전군장 윤기영에게서 신림에 머물고 있는 선유사 홍우석 일행이 20여 명의 일본군과 함께 곧 싸리재[杻峙]를 넘을 것이라는 정보를 입수한 이강년은 즉시 이들을 격멸하기 위한 작전에 돌입했다. 10월 22일 새벽, 이강년은 우선봉 백남규, 좌선봉 하한서, 우군선봉 권용일 등 군력을 총동원하여 싸리재에 매복했다. 하한서의 좌선봉 부대가 미처 도착하지 않은 상황에서 홍우석 일행이 싸리재를 넘자, 의병들은 이들을 향해 집중사격을 개시했다. 개전 초기에는 기습공격으로 일본군 5명을 사살하는 큰 전과를 올렸으나, 전열을 가다듬은 일본군의 반격으로 오후까지 치열한 교전이 벌어졌다. 이강년도 직접 중군과 별진군을 이끌고 참전하여 군사들을 독려했다. 홍우석 일행은 이와 같이 의병에 의해 주천 길이 차단당한 상황에서 간신히 포위망을 뚫고 원주로 돌아가고 말았다. 싸리재에서 승전한

이강년 의병의 격전지인 싸리재 옛길   원주 신림에서 황둔으로 넘어가는 고갯길로 현재는 신림터널이 뚫려 있다.

이강년 부대도 신평으로 이동하여 한동안 휴식을 취했다.

한편, 이때 이강년 의병의 공격을 받았던 선유사 홍우석은 『강원도선유일기』에서 혼비백산하던 당시 전투 상황을 다음과 같이 기록했다.

본사本使는 (10월) 21일 원주에서 평창으로 가는 길에 40리 신림점에 이르러 부근 인민을 모아 또한 선유한 뒤에 다음 21일에 떠나서 상호 7시에 겨우 10리허 싸리재에 이른즉 수목이 하늘로 솟았는데 오직 한 가닥 길이나 있어 험난하기 이를 데 없었으나 성칙聖勅을 선포하기 위한 길인 까닭에 조금도 거리낌 없이 헐떡거리며 행차하였더니 흉측한 저들 비도가 사방 숨었다가 졸지에 포격하온즉 본사가 탄 말이 머리를 들고 놀라니 본사는 떨어져서 엎어졌고 병사 한 사람은 현장에서 죽었고 두 사람은 다리에 부상을 입었고 하인 한 사람은 경상이라 (일본군) 소위와 병사들이 산 위로 돌진한 바 상오 10시에 비도가 점거해 있던 중봉을 점령한즉 북방 고지의 난병亂兵 100여 명과 동남 고지의 포군 수백 명이 삼면에 대치하여 우리의 고약孤弱함을 깔보고 3~4시간 악전고투하다. ……

- 홍우석, 『강원도선유일기』, 규장각 자료번호 26079

선유사 홍우석은 의병의 기습공격을 받고 말에서 떨어졌으며 고개 도처에 매복해 있던 의병의 공격으로 3~4시간 동안 '악투惡鬪'를 했다. 이는 당시 의병의 공세가 얼마나 거셌는지 짐작하게 한다. 일제의 이른바 한국주차군사령관이 자국의 참모총장에게 보고한 글에서는 싸리재 전투에 관해 아래와 같이 언급되어 있다.

강원도에 파견된 한국 선유사를 호위했던 보병 제50연대의 시가志賀 소위 이하 21명은 21일 한병韓兵(해산당한 한국군 - 필자 주) 약 100명이 혼합된 300명의 적과 원주와 평창 사이의 도로상에 있는 싸리재[杻峙] 부근에서 만나 9시간에 걸친 전투 끝에 이들을 격퇴시켰음. 우리는 전사자가 2명, 부상자가 2명이며, 적이 버리고 간 시체는 30여 구임.

- 『한말의병자료』 4, 독립기념관 한국독립운동사연구소, 2002, 116쪽

이 일본군 전황보고는 의병 측 자료와 차이가 크다. 하지만 이 기록을 통해 싸리재 전투에 투입된 일본군이 50연대 소속의 시가 소위가 인솔하던 21명임을 알 수 있다. 또한 일본군 전황보고는 이 전투에 투입된 의병의 규모를 300명으로 밝히고 있다. 하지만 전군·중군·별진 등 이강

년 부대의 상당한 전력이 이 전투에 투입되었으니, 적어도 의병의 규모는 300명을 훨씬 상회했을 것으로 짐작된다. 9시간 동안 치열하게 접전했다고 밝힌 대목은 의병 측 기록과 대체로 일치한다.

그리고 일본군 2명이 죽고 2명이 부상을 입은 데 비해 의병 측은 30명이 피살되었다고 한 기록은 의병 측 기록과 상당한 편차를 보였다. 싸리재 전투 결과 의병 측 희생도 상당했겠지만, 여러 가지 정황으로 보아 의병이 승리한 전황은 충분히 인정된다. 이 전투에서 압도적인 수의 우위를 점한 의병은 매복 기습공격을 통해 5명을 사살하는 전과를 초기에 거둘 수 있었다. 이로써 싸리재 전투는 이강년이 수행한 항일전의 대표적인 승첩 가운데 하나다.

죽령 지구 항일전

이강년 부대는 신림 싸리재 전투 후 10월 하순 단양 방면으로 남하했다. 이 무렵 과거 을미의병 때부터 의병투쟁을 함께해온 동지 전군장 윤기영이 군권에 불만을 품고 대오에서 이탈하여 영동 방면으로 벗어났고, 또 부대 내의 핵심 인물 가운데 한 사람인 좌선봉 하한서가 군령에 따르지 않고 항명하는 등 알력과 잡음이 있었다. 앞서 언급한 청풍 의병장 조동교 처단을 비롯한 이런 불협화음은 이강년이 다양한 의병세력을 통합하고 여러 의진과 연합을 통해 항일전을 수행하는 과정에서 필연적으로 파생될 수밖에 없었던 난관이었으며, 이 점은 곧 항일전 수행에 가장 큰 제약으로 작용했다. 이러한 제약과 난관을 극복하기 위해 이강년은 앞서 보았듯이 의병투쟁의 목표를 천명하고 상하 등 의진 내부의 규율과 군기를 엄격히 규정하는 포고문 등을 발포하면서 명분과 의리를 강조했다.

한편, 단양 고을에 들어간 이강년은 개화, 근대화를 표방하고 신학문을 가르치던 학교장 오철상吳哲相을 처단했다. 일본어를 가르치던 이 학교를 '왜학교'로 규정하고 그 죄상을 언급한 대목을 통해서도 그의 사상적 경향성을 충분히 확인할 수 있다.

> 저들이 학교라고 말하는 것은 성인의 학문을 멸시하고 임금이나 부모를 배신하며 사람을 몰아다가 짐승으로 만들자는 사악한 주장인데, 깨트릴 수 없다고 할 뿐 아니라 또한 좇아서 돈을 내어 돕는다면 옳은 일이겠는가. 만일 다시 이따위 돈을 거론하는 자가 있으면 주는 사람이나 받는 사람 모두에게 극단적인 군율을 쓸 것이다.
>
> – 박정수·강순희 편, 구완회 역, 『국역 창의사실기』, 2014, 72쪽

요컨대, 신식학교는 조선의 정통 이데올로기인 유학의 가르침을 외면하고 짐승과 다름없는 서양의 사악한 문물을 추구하는 집단이라는 것이다. 그러므로 신식학교에 출연하는 행위는 용납할 수 없는 죄악을 범하는 것이므로 단죄해야 한다는 주장을 폈다. 신식학교에 대한 이러한 극단적 인식은 전년 문경의 신학교 연설회 개최 시의 강연 제안에 대해 극단적으로 반발했던 예와 더불어 위정척사에 철저히 경도된 이강년의 강렬한 보수인식을 잘 보여준다.

단양 죽령의 격전지 응암의 현재 모습(매바위, 현 용부원)

　단양을 거쳐 죽령으로 내려간 이강년 부대는 11월 들어 약 열흘 동안 이 일대에서 일제 군경을 상대로 수차 치열한 교전을 벌였다. 죽령 길목으로 내려간 뒤 10월 31일 단양 장림역長林驛(현 대강면 장림리)에 주둔하면서 좌선봉 하한서, 우선봉 백남규에게 태봉(현 대강면 용부원리) 마을 어귀에 군사를 매복하도록 지시했다. 죽령 아래 응암鷹巖(현 대강면 용부원리) 방면에 일본군이 나타났다는 정보를 입수했기 때문이다. 그리고 이튿날 이강년도 일제 군경과 벌일 교전에 대비하기 위해 직접 응암으로 진군했다.

　1907년 11월 2일 죽령 지구 전투를 개시하는 서전을 승리로 장식했다. 이날 좌·우 선봉이 거느리던 의병들이 죽령을 넘어오던 일본군을 공격하여 6명을 사살하는 큰 전과를 거두었다. 또 당일 밤에 일본군이 의진에 접근했으나 교전은 벌어지지 않았다. 사흘 뒤인 11월 5일에도 야밤에 일본군이 의진을 기습해 교전이 벌어졌다. 의병들은 전열을 고수한 끝에 이들을 격퇴할 수 있었다. 이튿날 6일에는 오전 10시 무렵부터 오후 4시까지 거의 6시간 동안 교전 끝에 일본군 8명을 사살하는 큰 전과를 올렸다. 이어 응암 뒤쪽의 산록에 좌·우 선봉을 매복시킨 다음 본진이 깃발을 날리고 함성을 지르면서 일본군을 유인하려 했으나 비가 내려 그대로 철수하고 말았다.

그 다음 날인 7일에 일본군은 의병의 후방 근거지로 응암을 지목하여 민가를 불태웠다. 이강년은 중군장에게 왼쪽 산으로 올라가도록 하고, 우선봉에게는 오른쪽 산을 오르게 하여 일본군을 상대하도록 한 뒤, 별초 박갑주朴甲冑가 포군을 거느리고 정면으로 돌격하자, 일본군은 달아나 죽령으로 들어갔다. 10일에도 새벽에 동이 틀 무렵 일본군이 다가오자, 이강년의 전 부대가 이들을 공격해 4명을 처단하고 또 군마를 노획했다. 이처럼 죽령 전투가 시작된 뒤 이강년은 매복전과 기습전을 적절히 구사하여 전후 4~5차에 걸쳐 수차 교전한 끝에 일본군 10여 명을 사살하는 다대한 전과를 거두었다.

죽령 일대에서 벌어진 이강년 부대의 항일전에 직접 참여하고 또 전문傳聞한 신태식申泰植은 「창의가」에서 다음과 같이 읊었다.

토벌대 오백 명은	예천으로 넘어오고
수비대 사백 명은	원주·제천 덮어오고
마병대馬兵隊 백여 명은	충주·청풍 들어온다
매바위 유진하고	철통같이 단속할 제
기호旗號를 높이 달고	훤화喧譁를 일금一禁하라
각 장관將官 취립聚立하고	군령을 전포傳布할 제

본진 선봉 전세영全世榮은	죽령을 방어하고
호좌 선봉 하한서는	장임將任을 수습하고
좌익 우익 돌격장은	서령西嶺을 견수堅守하고
전군 후군 좌군장은	남태南坮에 칩복蟄伏하고
사령유격司令遊格 중군장은	중앙에 유진하되
적병이 승세하여	일시에 포방砲放이라
군령을 어긴 자는	사정없이 참하리라
미시 말 신시 초에	천지가 뒤집는다
속사포 기관포는	탄알이 빗발이요
천보대千步大 거래대去來大는	소리가 벽력이라
화약 연기 안개되어	동서를 난분難分일세
사오 일 지내도록	승패를 불분不分터니
칠십여 전 싸운 후에	적병이 퇴진하네
군사를 수습하니	총 맞은 자 칠 팔이라
적병을 수렴收殮하니	수백 명 사망일세

위 가사는 죽령 지구에서 벌어진 전투 상황을 입체적·압축적으로 노래한 것으로, 표현상 과장과 사실적 비약이 있다는 점은 감안하더라도 전체적인 상황의 추이를 이해하는 데 도움이 된다. 「창의가」에서는 4~5일에 걸친 치열한 공방전 끝에 일본군이 패퇴함으로써 의병 측이 대승했다고 표현하고, 나아가 전과 면에서도 의병 측 전사자가 7~8명에 불과한 데 비해 일본군은 무려 수백 명이 사망한 것으로, 곧 의병이

압승했다고 기술했다. 또 위 가사에 본진과 호좌의진을 확실히 구분하여 기술한 점으로 미루어 이강년의 호좌의진과 더불어 기록자 신태식이 소속된 이인영의 관동진(본진)도 죽령 전투에 참전한 사실을 알 수 있다. 그러나 이인영 부대가 이 전투에 참여하여 수행한 구체적 역할이나 그 실상을 알려주는 다른 자료는 확인되지 않는다.

　11월 11일에도 전날에 이어 죽령 일대에서 격전이 벌어졌다. 이강년은 일본군 40명이 죽령 남쪽의 남면을 거쳐 진격해오고, 25명의 일본군은 죽령 북쪽 장림으로 들어온다는 정보를 탐지하고 그 대책을 세웠다. 곧 그는 풍기 주둔 일본군이 죽령으로 출동했다고 보고 풍기의 병참을 치기 위해 전 병력을 인솔해 죽령을 넘으려고 했다. 하지만 남·북에서 출동한 일본군이 응암의 좁은 길목을 차단하면서 일시에 의병을 향해 사격을 개시했기 때문에 상당한 인명이 희생되었다. 의병들은 더 이상 버티지 못하고 소백산 꼭대기 방면으로 탈출했다.

　이강년은 휘하 의병들을 거느리고 결사적으로 분전했고, 좌·우 선봉장은 산비탈을 올라 사격하면서 가까스로 일본군의 공세를 차단했다. 겨울 초입의 차가운 바람에 눈보라가 날려 살을 에는 추위가 닥쳐왔고 동사자가 발생하는 등 많은 인명이 희생되는 큰 고초를 겪었다. 의병들이 겪은 그날의 고초와 참상을 『창의사실기』에서는 다음과 같이 생생하게 기록해놓았다.

험한 길을 따라 산마루에 이르니 초겨울의 눈보라가 사람의 살가죽과 뼈를 찌르는 듯하였고, 게다가 굶주리고 목마른 병사들이 엎어지고 쓰러졌다. 단양 고을의 박 포수는 새로 들어온 지 얼마 안 되어 군대의 제도에 익숙하지 못하여 뒤에 처져 고개에 남았다가 밤에 얼어 죽었으니 참혹함은 이루 말할 수 없었다.

- 박정수·강순희 편, 구완회 역, 『국역 창의사실기』, 2014, 76쪽

　죽령 패전은 의병이 일본군의 공세를 맞아 정면 승부를 구사한 결과 초래된 것이었다. 월등한 화력과 정규 무장대오를 갖춘 정예 일본군을 상대할 수 있는 의병의 유일한 전법은 곧 익숙한 현지 지형과 지세를 이용한 유격전·기습전이라는 사실을 다시 일깨워준 사례다.
　일본군 정보기록에는 이강년 부대가 죽령 일대에서 수행한 전투의 전황이 자세히 기록되어 있지는 않다. 하지만 그 전후에 산발적으로 보고된 문건을 통해 전황의 윤곽은 대체로 파악할 수 있다.

　경상북도 예천(안동 서북쪽) 수비대의 고노河野 중위 이하 14명은 6일 단양 남쪽 10리 지점에서 약 300명의 적과 충돌하여 그 가운데 28명을 죽였으며 우리의 간호졸병 1명이 부상함. 적이 여전히 그 부근에 주둔하고 있는 정황이었기 때문에 7일 함창 및 문경 수비대에서 상당히 많은 수의 토벌대를 보내도록 하였고, 또한 대구에서 중위 이하 38명에게 기관총 2정을 주어 이들의 토벌에 협력하도록 하기 위해 8일 출발시키도록 하였으며 또 예천 수비대도 이에 협력하도록 함.

- 『한말의병자료』 4, 독립기념관 한국독립운동사연구소, 2002, 121쪽

이강년 의병이 일시 점령했던 순흥의 시가지

위의 기록은 1907년 11월 11일 이른바 한국주차군사령관 하세가와 요시미치가 본국의 참모총장에게 보고한 내용 가운데 한 대목이다. 여기에서는 11월 6일 죽령에서 벌어진 격전 상황을 언급한 뒤 이 일대에 주둔한 의병 세력이 매우 강성한 사실에 주목하고, 그 의병을 탄압하기 위해 함창·문경·대구 등지로부터 기관총 등으로 무장한 상당수의 '수비대' 병력을 현지로 급히 투입한 사실을 보고했다. 이 무렵 죽령 일대에 충천하던 의병의 기세를 짐작하게 한다.

순흥 공략전

11월 11일 마지막 죽령 전투에서 패한 이강년은 휘하 의병을 이끌고 북쪽 영춘 방면으로 이동했다. 이곳에서 잠시 전열을 수습한 뒤, 즉시 순흥 공략에 나섰다. 울진·영양 일대에서 용맹을 날리던 신돌석 부대와 합동작전으로 순흥 점령을 시도한 것이다.

이강년은 소백산 자락의 험산준령을 타고 의풍義豐(현 영춘면 의풍리)과 고치高峙(현 의풍리 솔밑 서남쪽 마을)를 지나 순흥을 공략했다. 울진 일대에서 용맹을 드날리며 이곳까지 진출한 신돌석申乭石 의진도 동참했다. 11월 11~15일간의 일이다. 하지만 의병의 공격 기미를 알아차린 일본군이 철수한 상태였기 때문에 일제 침략기관을 파괴하고 순검의 집 3채를 소각하는 등 무력시위 후 철수했다. 이때를 전후로 이강년·신돌석 두 의진의 공격을 받은 순흥에서 일본군 분견소와 경찰서 등이 파괴되었다. 그 뒤 이강년은 의풍義豐 방면으로, 신돌석은 서벽西壁 방면으로 각기 철수했다. 일본군 정보기록에는 이강년·신돌석 부대가 순흥을 공격한 날짜를 11월 11일로 파악했다.

> 11월 11일. 이강년이 인솔하는 약 3백여 명은 영춘 방면에서, 신돌석이 인솔하는 약 2백여 명은 영월에서 같이 진출하여 순흥을 습격함에 그 세력이 자못 창궐하여 읍내 전부를 불살랐다.
> ―「폭도사편집자료」,『독립운동사자료집』3, 독립운동사편찬위원회, 1971, 582쪽

『창의사실기』에 기록된 11월 15일(음력 10월 10일)과는 나흘 차이가 나는데, 아마도 뒷날 정리된 『창의사실기』의 오류로 짐작된다. 이 일본군 기록을 통해 순흥 일대는 의병의 기운이 왕성했고, 이로 인해 일제 군경이 방화 등 무차별 탄압을 자행했다는 사실을 감지할 수 있다.

고난의 항일전

의진의 전열 정비

의풍으로 퇴각한 무렵 이강년은 의진의 편제를 새로이 바꾸고 전열을 재정비했다. 그동안 연달아 치른 전투로 인해 의병들의 피로가 누적되고 또 전력이 고갈되어 항일전에 큰 제약이 되었기 때문에 의진의 편제를 새롭게 정비할 필요가 있었다. 부친이 일본군에게 볼모로 잡혀 고통받던 백남규를 대신하여 허섭許燮을 일시 우선봉으로 삼고, 정연철鄭淵鐵을 우익장으로, 윤용구尹容九를 독전장督戰將으로 삼았다. 또 영좌도총嶺左都摠 변학기邊鶴基가 40명의 의병을 이끌고 와서 그를 우군장으로 임명하고 관동 지방의 여러 의진과 긴밀하게 연계를 모색하도록 했다. 이들 가운데 우선봉 허섭은 곧 일본군에 귀순해 의병 탄압에 동원되는 등 부일배로 전락했다는 기록이 있다.

부대 편제를 개편한 이면에는 의진의 규율이 점차 흐트러지는 위기 상황을 타개하기 위한 의도도 있었다. 계절이 겨울로 접어들면서 도처에서 활동하던 의병들이 민폐를 끼치는 사단이 빈번하게 일어났다. 『창의사실기』에 이현범李鉉範이라는 인물이 호좌의진을 사칭하고 영남 방면에서 민간에 작폐했다는 기록이 그 대표적인 사례다. 민간 작폐는 지역 주민들과 혼연일체가 되어 일체의 군수물자를 지원받아 항일전을 수행해야 하는 의병에게는 큰 문제였다.

이강년은 곳곳에 방을 붙여 의병의 민간 작폐를 금했다. 의진이 영월군 하동 방면으로 이동하면서 송재현宋在賢을 현지 방수장防守將으로 임명하여 흩어진 의병들의 폐단을 단속하게 한 것도 역시 민간인을 보호하려는 조처였다. 또 그는 이 무렵 의병의 활동 명분과 목표를 재차 천명하고 나아가 규율과 사기를 진작할 목적으로 다시 격문을 발포했다. 그 「재격고문再檄告文」 가운데 중요한 내용을 살펴보자.

> 호좌의병장 이강년은 삼가 목욕재계하고 팔도의 의를 같이하는 장수와 의를 좇는 군사. 의를 떨치고 나선 장사壯士 및 백집사百執事에게 고한다. ……
>
> 여러 고을에 간혹 의를 같이하는 군자들이 그간에 나와 깃발과 북소리가 대단하여 서로 의지하게 되니 기쁨을 이길 수 없다. …… 비록 그러하나 의로써 불의를 토벌하는 것 또한 의거이다. 만일 군사를 모집한다 하고 의병이라 칭하면서 20~30명씩 읍촌을 달리면서 촌락에 머물며 모병을 핑계하고 군수물자를 칭하여 까닭 없이 매질하여 무단히 침탈하여 백성들로 하여금 의병이 이른다는 말만 들어도 이마를 찌푸리면서 도망가 숨게 하는 것은…… 일을 방해하는 짓이다. 함께 쳐서 그 죄를 드러내기를 바란다.
>
> 군대에 재물이 없을 수 없다. …… 스스로 마련하지 못하니 호곡戶穀, 결전結錢을 쓰지 않을 수 없고, 부자와 귀한 손님들의 도움이 없을 수 없다. 호곡은 본래 나라가 용병하는 재원이나 근래 흉적이 혁파하였으니 의병이 사용해도 안 될 것이 없다. 결전은 나라의 공공지물公貢之物인데 근래에 원수 오랑캐가 거두어 쓰니 군사를 여기에 의지하여 먹여도 안 될 것이 없다. 이것은 "국가를 위한 일이므로 공적公的인 데서 취한다"는 도리이다.

이른바 부귀한 자는 일찍이 나라가 태평할 때 이미 극도로 영화를 누렸으니, 이제 나라의 변고를 당하여 임금의 다스림이 행해지지 못하는 판에 어찌 사사로이 누리면서 공도公道를 잊을 수 있단 말인가. …… 이것이 "백성을 위함에 사사로운 데서 취한다"는 말이다.

또 일진회와 순검이 도적에게 붙어 첩자 노릇을 하는 자는 실로 말할 것도 없어 진실로 불쌍할 뿐 미워할 것조차 없다. 잘못을 뉘우치고 정의로 돌아서서 몸을 깨끗이 한다면 죄를 용서하고 죽일 것도 없다. 또 경병이나 관군으로 적에게 매수되어 좌우에서 따르는 자는 기한飢寒이 심하여 죄에 빠진 것이니. …… 책임이 우리에게 있고 저들에게 있지 않도다. ……

하늘이 만일 화를 후회하고 신령이 어둡지 않다면 섬 오랑캐의 서슬은 스스로 풀려 얼마 안 가 반드시 망할 것이다. 또한 해외 만국이 모두 군신 사이의 큰 의리와 이웃 나라와 사귀는 두터운 뜻을 저버릴 수 없음을 알고 있으니 …… 도움을 아끼지 않을 것이다. 우리 팔도의 의를 같이하는 장수와 의를 좇는 군사들. 의를 떨치는 선비들과 모든 군자들이 의기로써 일어나 의에 살고 의로 시작하여 의로 마치자. …… 그러면 천리와 인심이 스스로 편안한 데로 돌아올 것이다. ……   －「재격고문」, 『운강선생유고』 권 1

위 격문에서는 우선 의병들이 민간 작폐를 야기한다면 만인의 공적이 된다는 사실을 상기시키고, 다음으로 호곡과 결전 등 공물을 의진의 군수물자로 취하는 당위성을 천명하는 한편, 양반 부호들의 의병 지원을 위한 출연은 국가적 의무라는 점을 강조했다. 그리고 일진회원과 순검 등 부일배의 반민족성을 지적하고 반성을 촉구하면서, 전 인민이 일치단결하여 의로운 성전인 항일전에 동참해달라고 호소했다. 전 인민을 대상으로 한 위 격문은 문체와 논조로 보아 의리와 명분에 의거하여 사람들의 충분忠憤한 감정에 호소함으로써 의병의 항일전을 분발하도록 하기 위한 것이었다. 당시 이강년 의진이 처했던 고단한 형세의 일단을 생생하게 짐작케 해준다.

영춘 2차 유치 전투

이강년 부대는 11월 하순 영춘 방면으로 이동했다. 이 무렵에는 일본군의 파상적 공세로 모진 시련을 겪어야 했다. 일본군의 이른바 수비대 병력은 일진회원들의 협조를 받아가면서 도처에서 길목을 지키고 강나루를 끊는 등 의병의 활동을 차단하기 위해 분주히 움직였다. 당시 남쪽에서 접근하던 일본군은 대구 쪽에서 북상한 일본군 제14연대 휘하 부대였다.

일본군이 영춘으로 접근한다는 정보를 사전에 탐지한 이강년은 11월 25일 앞으로 벌어질 전투에 대비하여 군사들을 배치했다. 중군장 김상태가 군사 2초哨를 거느리고 백자동柏子洞(일명 잣골, 현 백자리)에 매복하고, 도선봉 백남규 역시 군사 2초를 인솔해 남천의 동네 어구를 지키며 남쪽에서 오는 적에 대비했다. 그리고 좌군장 이세영은 군사 6초를 거느리고 영춘읍의 남진南津과 북진北津을 지켜 서북쪽에서 오는 일본군에 대비했다.

이튿날 이강년은 영춘 유치楡峙에서 일본군 제14연대 예하 부대와 전

이강년 의진의 도선봉 백남규

투를 벌였다. 이날 새벽에 이강년은 직접 100여 명을 거느리고 느릅재 쪽으로 출동했다. 이때 멀리 기치機峙(베틀재, 동대리에 있는 고개) 중턱에서 일본군이 불을 놓아 화광이 충천했지만, 기치 입구의 수하敉下(현 수밭) 마을이 평온해서 일본군이 모두 철수했다고 오인했다. 잠시 후 일본군 10여 명이 나타났고, 이어 갑자기 동남쪽 도창곡道昌谷(도창골) 방면에서 다시 30명의 일본군이 출현했다. 의병은 이들을 맞아 교전을 벌였으나 감제사격을 받아 전황이 불리했고 곧 의진이 무너지고 말았다. 이강년은 아들 승재와 서로 의지하며 서북방 대야리의 마대馬垈(맛대) 방면으로 가까스로 후퇴했다. 이때 그를 따르는 군사가 수십 명에 불과했다고 할 만큼 참담한 패배였다.

이와 같은 참패 와중에 그래도 위안이 된 것은 중군장 김상태가 남천에서 돌아와 전한 승전보였다. 백자동(잣골)에서 벌어진 교전에서 중군이 일본군 7명을 사살하는 전과를 올렸던 것이다.

단양 복상곡 전투

이강년의 호좌의진은 그뒤 영춘 느릅재 전투에서 패한 뒤 단양 가곡의 보산을 거쳐 문경 동로의 명전明田까지 내려왔다가 다시 험산을 타고 묘적령妙積嶺(영주시 봉현면 두산리 소재)을 넘어 단양의 사동寺洞(대강면)을 지나고 12월 중순경 단양 궁곡弓谷(가곡면 궁골)에 도착했다. 보산 등지에서는 간간이 일본군과 크고 작은 조우전을 벌이면서 혈로를 뚫었다. 겨울 북풍한설이 몰아치는 가운데 단양·문경·영주의 경계에 걸친 소백산맥의 험준한 지형을 타고 근 20여 일 동안 고난의 행군을 했다. 도처에서 출몰하는 일제 군경의 집요한 추격을 피하기 위한 고육지책이었다.

이강년 의진은 1907년 12월 16일 단양 궁곡에서 북쪽으로 이동하여 복상곡復上谷(어상천면 방북리 소재)에 도착한 뒤 이곳에 잠시 주둔했다. 이강년은 마을의 집강과 의진의 종사들에게 파수를 보게 했으나 일제 군경의 접근을 전혀 감지하지 못했다. 의병들은 무방비 상태에서 일제 군경의 급습을 받아 참패를 당했다. 당시 참담했던 전황을 『창의사실기』에서는 다음과 같이 사실적으로 기록했다.

> 주둔하게 된 마을 이름을 묻고는 '복상覆喪'과 같은 소리이므로 공(이강년 - 필자 주)이 상스럽지 못하게 여겼다. 또한 갈림길[衢]로 통하는 큰 길은 마음속의 두려움[懼]으로 통한다고 여겼다. 중군과 각 참모, 종사들을 불러 위기임을 설명하니 모두 말하기를 "염려할 것이 없다. 며칠 동안은 머물 수 있을 것이다"라고 하였다. 공이 그렇지 않다고 여겨 집강을 불러 경계를 엄중히 하라고 단속하였다. 종사 강병수가 아침부터 낮까지 정탐하고도 살피지 못하였다. 저물녘에 이르러 한 아이가 방 안으로 부르더니 "적이 갑자기 이르렀다"고 알렸다. 공이 바삐 걸어 문을 나가 사방을 살펴보니 적은 이미 울타리 주변을 포위하여 근처까지 들이닥쳤는데, 포군은 병기를 버리고 먼저 달아난 후였다. 공이 손으로 군졸을 불러

두어 걸음 불러내니 탄환이 비오듯 하여 마치 벌 소리처럼 귓가를 울렸다. …… 별포別砲 이문경李聞慶에게 사격하도록 하니 적이 가까이 오지는 못하였다. 열 번 자빠지고 아홉 번 엎어지면서 임현任縣 서쪽 작은 산자락의 소나무 숲이 울창한 곳으로 올라 겨우 피신하니 자정 무렵이 되었다. 장졸 다섯 사람이 추위에 떨어 견디기 어려웠기에 산 아래 조그만 집을 찾아 잠시 쉬기를 간청하니 주인이 조죽을 내어 와 잠시 굶주림과 추위를 면하였다. 날이 조금 밝자 곧장 앞의 산고개를 향하여 행군하였는데 그때까지도 몇 사람이나 죽고 잡혔는지를 알지 못하였다.

— 박정수·강순희 편, 구완회 역, 『국역 창의사실기』, 2014, 94~95쪽

복상곡 전투 상황에 대해서는 여타 전투기록에 비해 자세하고 서술 분량도 상당히 많다. 이강년의 항일전에서 이 전투가 차지하는 비중과 영향이 그만큼 컸다는 것을 알 수 있다. 이 인용문의 주된 내용을 정리하면, 우선 무방비 상태에서 일제 군경의 기습공격을 받아 전열이 일시에 흐트러지면서 의병들이 패산했고, 구사일생으로 험로를 탈출하여 자정 무렵 임현 서쪽 산록의 송림으로 피신할 수 있었으며, 이때 이강년과 함께 피신한 일행이 겨우 5명에 불과할 정도로 처참한 형편이었다는 것이다.

이강년이 패전 상황을 대략 파악할 수 있었던 것은 이튿날이 되어서였다. 다행이 중군장 김상태가 피신한 것은 알았으나, 참모 원철상元哲常·신숙申橚·신명희申明熙, 그리고 소모장 이중봉, 포군 이달李達 등 10여 명의 유위한 인물들이 포로로 잡히고, 소모선봉 권용일 이하 7명이 전사

했다는 보고를 듣게 되었다. 단양 복상곡 패전의 충격이 얼마나 컸는지는 이강년이 강수명姜秀明에게 보낸 편지에 잘 드러나 있다.

> 하늘이 장차 백성을 모두 죽이려 하여 먼저 대의를 위하여 일어난 몸을 없애시려는 것인가? …… 지난 12일(양력 12월 16일 - 필자 주)에 마침내 방두芳杜 복상곡에서 적변賊變을 당하였으니 이것은 실로 하늘이 우리를 망친 것으로 통곡하고 또 통곡할 따름이다.
> -「여강경회」, 『운강선생유고』 권1

이강년은 복상곡 패전을 하늘이 내린 재앙으로 인식했을 만큼 큰 충격을 받았다. 이 전투를 치르고 난 그는 단양·문경 등 소백산맥 일대에서 항일전을 수행하는 것은 여건상 불가능하다고 판단했다. 이강년이 항일전의 무대를 옮겨 북상의 장도에 오르게 되는 것은 이러한 이유 때문이었다.

경기·강원 지역 북상 항일전

단양에서 가평까지

단양 복상곡 패전 후 이강년은 휘하 의병을 거느리고 북상길에 올라 항일전의 무대를 강원도·경기도 일대로 옮겼다. 단양·영월·제천 지역에 집중된 일본군의 추격을 피하고, 나아가 서울 공격을 위해 전국 각지에서 활동하던 의병이 경기도로 전력을 집중하던 전국 의병 연합체인 십삼도창의대진소의 항일전에 호응하기 위해서였다.

이강년의 호좌의진은 1907년 12월 18일 영월 광전리의 덕우산德友山 상촌上村에 주둔했다. 이날 선봉장 하한서가 10여 명의 군사를 거느리고 이곳에 도착해 큰 힘이 되었다. 그동안 유치 전투에서 패배한 뒤 군사 소모를 위해 영동 지방에 가 있던 그가 가장 어려운 시기에 합류해온 것이다. 잠시 흩어졌던 좌군장 이세영도 이때 합류해와 전력을 보강할 수

이강년 의진의 북상로(1907년 12월~1908년 1월)

있었다.

그럼에도 불구하고 이 일대에서 항일전을 수행하기는 어려웠다. 더욱이 이 무렵 안흥의 강림에서 이강년을 찾아온 김성칙金聖則은 후군장 주광식이 평창에서 출동한 일본군 수비대와 치악산 아래 강림에서 교전했으나 참패했다는 비보를 전했다.

12월 25일, 이강년 부대는 영월 광탄의 전동錢洞(돈골)에서 일제 군경과 전투를 벌였다. 적이 옹산 뒷고개에서 접근한다는 정보를 듣고 즉시 전투 준비에 들어갔다. 일제 군경은 강 건너 소오巢梧 마을 쪽에서 나타났다. 각 군이 모두 산마루로 잠시 물러났지만, 특별히 별초別抄 박갑주만이

18명의 부하를 거느리고 100보 앞까지 진격하여 조준사격을 가해 일본군 3명을 사살하고 2명에게 부상을 입힌 전과를 올렸다. 의병은 일제 군경을 상대로 산에 의진하여 4시간가량 치열한 교전을 벌였다.

이강년 부대는 끝내 북쪽으로 퇴각하여 영월 주천의 상판운上板雲까지 물러나 전열을 가다듬었다. 밤이 되면서 군사들이 흩어질 우려가 있고, 더욱이 탄약이 점차 고갈되었기 때문에 더 이상 버티기가 어려웠다. 일제 측 기록에 의하면 이날 교전한 의병의 규모는 200여 명 정도였고 그 가운데는 120~130명 정도의 해산 군인이 포함되었다고 하며, 의병이 상대한 일제 군경은 영월 수비대의 요코橫尾 소위 이하 28명과 영월 분파소의 순사 1명, 순검 2명이었다고 한다.

이후 이강년 부대는 북상을 계속했다. 12월 27일에는 강림에서 패한 후군의 선봉 이창교李昌敎가 40여 명의 잔병을 거느리고 합류했고, 온양溫陽 의병장 서병림徐丙林도 휘하 수십 명의 의병과 함께 찾아왔다. 12월 29일 봉평 면온의 유항杻項(싸리목)과 흥정리興鼎里를 지나 1908년 1월 1일에는 홍천 서석의 생곡笙谷에 이르렀다. 그동안의 여정은 중부 내륙 험준한 산악지대의 험로를 거쳐야 했기에 고난의 연속이었다. 그 과정에서 겪은 고생과 난관은 이루 다 말할 수 없을 정도였다. 도망하는 포군을 잡아 단죄하는 등 규율을 엄격히 하고 단속을 강화하는 가운데서도 대오를 이탈하는 군사가 속출했다. 또 의병이라는 이름을 내세워 민간에 작폐하는 일부 무리도 생겨났다. 이러한 '가짜 의병[假義]'은 의병과 지역 주민 사이에 갈등을 조성하여 항일전을 제약하는 요인이 되었다.

이 무렵, 후일 만주로 망명하여 독립군으로 전신한 편강렬片康烈에게 동문으로 의병을 후원하던 충재充齋 오인영吳寅泳과 태은泰隱 추성구秋性九의 안부를 묻게 했는데, 정병화鄭炳和라는 인물이 의병을 칭하면서 무고한 양민 5명을 포살하고 오인영·추성구 두 사람을 구타하여 두 사람은 아직도 병석에 누워 있다는 소식을 전해왔다. 이강년이 봉평을 지나면서 그곳 주민들을 대상으로 통고문 「통고봉평사민문通告蓬坪士民文」을 발포한 배경은 바로 이러한 지역민들과의 불화나 폐단을 해소하는 데 있었다.

홍천의 의병장 화남 박장호

또 이강년이 봉평에서 홍천 생곡으로 북상하는 동안 홍천·평창·강릉 일대에서 활약하던 동문인 화남華南 박장호朴長浩(1859~1921) 부대와도 만나 북상 기간 내내 연합전선을 구축하여 공동으로 항일전을 전개했다. 강원도 북상 도중에 연합하여 한동안 함께 항일전을 전개했던 박장호는 유중교의 문하에서 공부한 학자로, 의병전쟁에 참여한 뒤 국치 후 서간도로 망명하여 1920년대 만주 독립전쟁을 주도한 대표적인 독립군단 가운데 하나인 대한독립단의 총재로 명성을 크게 떨친 인물이다.

북상 도중에는 중심 간부 상당수가 희생되거나 이탈했기 때문에 의진의 편제를 새롭게 정비하고 간부진을 다시 구성했다. 정해창鄭海昌을 중군장으로 삼고 하한서를 도선봉, 박갑주를 좌선봉에 각각 선임했다. 그리고 행군 도중에 합류한 노면지盧勉墀·서병림 등의 의병장과도 항일전을 협의하면서 전도를 개척했다. 이강년 부대는 일제 군경의 파상적 공세를 피하면서 내륙 깊숙이 험산을 타고 북상을 계속했다. 홍천 내촌의 동창東倉을 거쳐 1908년 1월 4일에는 춘천 북산의 삽교挿橋(삽다리골)를 거쳐 화천 간동의 간척리看尺里까지 올라갔다.

1908년 1월 6일, 이강년 부대가 간척리 부근에 잠시 주둔해 있는 동안 의병을 추적해온 일제 군경과 교전이 벌어졌다. 새벽에 일본군의 기습으로 교전이 발생했고, 의병은 산기슭에 의지하면서 사격을 가했다. 교전 중에 이강년과 박장호 두 의병장이 날아온 유탄에 맞아 부상을 입었을 정도로 탄환이 빗발치는 치열한 전투였다. 이강년은 총탄이 오른쪽 팔뚝을 스쳤기에 부상이 경미했으나, 오른쪽 둔부를 맞은 박장호는 선혈이 낭자할 정도로 부상을 입었다.

이강년은 휘하 의병을 두 진으로 나누어 우회공격을 시도했고, 좌선봉 박갑주와 별포 한병선韓秉善·임차손林次孫 등은 선두에서 용감하게 분전했다. 특히 근대식 양총으로 무장한 의병 수십 명을 동원하여 일시에 집중사격을 가하면서 화천으로 후퇴하는 일본군을 추격하여 끝내 4명을 사살하는 전과를 올렸다. 전투가 종료된 후 좌선봉은 지역 주민들이 일본군의 편에서 의병의 동향을 밀고했다는 이유로 민가 5채를 불태우는 불행한 일이 벌어지기도 했다. 주민과 의병 간에 벌어진 심각한 알력의 단면을 보여주는 특이한 사례다.

이후 이강년 부대는 가평 쪽으로 방향을 틀어 서행했다. 용화산의 험준한 자락을 타고 양통령陽通嶺(현 춘천 사북의 양통고개)을 넘고 고탄성古灘城(현 사북면 고탄리)을 지나 1월 7일 새벽까지 행군한 끝에 일남현一南峴(현 사북면 인람리)에 도착할 수 있었다. 그리고 야간 행군을 계속하여 아침에는 지겸志謙(현 사북면 지암리)에 당도하여 아침밥을 먹었으며, 다시 행군하여 가평의 광악光岳(현 북면 화악리)으로 통하는 홍적령洪逖嶺을 넘어 드디어 화악산華嶽山 자락의 광악에 도달하면서 북행 장도를 마치게 되었다. 1907년 12월 중순 무렵 영월 광전리를 떠난 뒤 주천 판운, 방림 운교, 봉평 면온과 흥정, 서석 생곡, 내촌 동창, 춘천 북산, 화천 간동, 춘천 사북 등지를 거쳐 1908년 1월 초순 가평 화악리에 이를 때까지 20여 일간에 걸쳐 계속된 북상 여정은 언제나 따라붙은 추위와 굶주림을 비롯하여 일제 군경의 파상적 탄압, 중첩된 고산준령의 험로 등으로 인해 생명을 담보로 했을 만큼 지극히 고단한 행로였다. 장도의 마지막 1월 8일자 기록에서 그러한 정황을 짐작할 수 있다.

> 광악령光岳嶺에 올랐다. 절벽에는 눈이 쌓였고 나무는 하늘까지 가득차 있었다. 새로 열린 길은 발밑이 미끄러워 걷기 어려웠다. 열 번 넘어지고 아홉 번 구르면서[十顚九倒] 간신히 대청동待淸洞에 이르렀다.
>
> – 박정수·강순희 편, 구완회 역, 『국역 창의사실기』, 2014, 109쪽

십삼도창의대진소와 이강년

이강년이 단양·영월·원주 등 중부 지방에서 치열한 항일전을 전개하던

시기인 1907년 10월 무렵은 의병전쟁이 전국적으로 급속히 파급되어 최고조에 이른 때였다. 의병 투신 이후 이강년은 허위許蔿·이인영·민긍호 등과 함께 그동안의 항일투쟁 전력을 배경으로 중부 지방에서 전개되던 의병 항일전을 선도하면서 전국의 의병전쟁을 주도하던 인물 가운데 한 사람이 되었다.

이때 각지에서 활약하던 여러 의병부대는 서로 긴밀한 연락을 취하면서 항일전에 보조를 같이했다. 이들 가운데 특히 허위는 마전·적성 등지에 있으면서 지평·가평에서 활약하던 이인영과 긴밀히 연락했으며, 철원에서 활동하던 김규식金奎植을 통하여 황해도 장단의 김수민金秀敏 의병부대와도 긴밀하게 연락을 주고받았다. 경기도 각지의 의병뿐만 아니라 한반도 중·북부 지방에서 활동하던 의병과 연락을 시도함으로써 항일전을 더욱 효율적으로 전개해나갔다. 전국 의병의 연합체를 결성하는 움직임과 관련하여 각지 의병 간의 통신 연락 상황에 대해 당시 신문에서는 다음과 같이 보도했다.

> 평안도 의병은 황해도 의병장 박기섭과 연락하고 황해도 의병은 장단 의병장 김수민과 연락하고 김수민은 철원 의병장 전 참위 김규식과 연통하고 김규식은 적성 마전 의병장 허위와 상통하고 허위는 지평 가평 등지 의병장 이인영과 통섭하고 이인영은 제천 등지 이강년과 원주 등지 민긍호로 상통하며 같이 모의한다 하고 ……
>
> —「잡보」, 『대한매일신보』 1907년 11월 28일자

십삼도창의군 서울 진공 기념탑(서울 망우리공원)   1991년 동아일보사에서 건립했다.

보도에 따르면 1907년 11월 하순 무렵에 서로 연락을 취하고 있던 전국 각지의 대표적 의병장으로는 이강년 외에 경기도 지평과 가평 일대에서 활동하던 이인영, 평안도와 황해도 양서 지방에서 활동하던 박정빈朴正彬(본명 박기섭朴箕燮)을 비롯하여 장단 지역의 김수민, 강원도 철원의 김규식, 그리고 원주의 민긍호 등으로 중·북부 지역에서 활동하던 의병세력이 거의 망라되었다고 할 수 있다. 허위·이은찬·이인영 등 경기 외곽 지역에서 활동하던 의병장들이 주축이 되어 전국의병의 연합체인 십삼도창의대진소十三道倡義大陣所가 성립되기에 이르렀다.

십삼도창의대진소 결성 후 허위와 상의한 뒤 이인영은 1907년 말에 전국 각지의 의병장들에게 서울을 향해 진군하자는 격문을 발송했다. 평안도·함경도를 제외한 전국에 발송되었던 격문의 내용을 당시 언론에서는 다음과 같이 소개했다.

용병用兵의 요체는 그 고독을 피하고 일치단결하는 데 있은즉 각도의 의병을 통일하여 궤제지세潰堤之勢를 타서 근기近畿에 범입犯入하면 천하天下를 들어 우리의 가물家物이 되게 할 수는 없을지라도 한국의 해결에 유리함을 볼 수 있을 것이다.

— 「의병총대장 이인영 씨의 약사(속)」, 『대한매일신보』 1909년 9월 29일자

의병 연합부대는 또 서울 진공작전을 결행하기에 앞서 서울 주재 각국 영사관에 선언문을 보내 의병이 수행하는 항일전의 합법성을 내외에 공포했다. 즉 의병전쟁이 광무황제의 칙령에 따른 한국의 독립전쟁임을 강조하고, 국제법상 교전단체이기 때문에 마땅히 전쟁에 관한 모든 법규가 적용되어야 한다고 주장한 것이다. 이인영 명의의 격문 「격고재외동포檄告在外同胞」(해외동포에게 알리는 격문, Manifesto to All Coreans in All Parts of the World)이 해외 거주 동포를 대상으로 선포되어 의병전쟁의 목적을 명백히 천명했다. 일제에 대한 적개심과 그 축출의 당위성에 대한 대목은 다음과 같다.

동포 여러분, 우리는 일치단결하여 조국에 몸을 바쳐 우리의 독립을 회복하여야 할 것이다. 우리는 또 야만 일본인의 잔혹한 만행과 불법행위를 전 세계에 호소해야 할 것이다. 그들은 교활하고 잔인하여 인류 발전과 인간성을 해치는 적이다. 우리는 최선을 다하여 모든 일본인과 그 앞잡이들, 그리고 야만적인 군대를 격멸하는 데 힘을 모아야 할 것이다.

— 『일본외교문서』 41권 1책, 819쪽

한편, 전국 의병을 대상으로 발포한 격문에 호응하여 각지에서 많은 의병들이 경기도 양주로 집결하면서 모인 의병의 전력이 총 48진에 1만여 명에 달했다. 그 내역을 보면 강원도 의병이 민긍호 부대 2,000명, 이인영 부대 1,000명을 비롯해 약 6,000명이었고, 경기도 허위 부대 약 2,000명, 충청도 이강년 부대 500명, 황해도 권중희權重熙 부대 500명, 평안도 방인관方仁寬 부대 80명, 함경도 정봉준鄭鳳俊 부대 80명, 전라도 문태수文泰守 부대 100명 등이었다. 양주에 집결한 전국 의병부대의 대장들은 12월에 회의를 열어 통합 단일 지휘군단으로 십삼도창의대진소를 성립하고 이인영을 총대장으로 추대한 뒤 다음과 같이 전체적인 편제를 갖추었다.

총대장	이인영	군사장	허위
관동창의대장	민긍호	호서창의대장	이강년
교남창의대장	박정빈	진동창의대장	권중희
관서창의대장	방인관	관북창의대장	정봉준

위 편제에서 보듯이 이강년은 호서창의대장의 직함으로 충청도를 대표하여 십삼도창의대진소에 참여했다. 이 시기에 휘하 의병을 이끌고 경기도로 북상한 것은 십삼도창의대진소 활동과 긴밀하게 연관된 행보로 보인다. 비록 이강년이 양주 집결에 직접 참여하지는 못했지만, 십삼도창의군 결성 과정에는 긴밀하게 연락을 취하면서 의진 연합체 결성과 단일 지휘체계 구축에 공동으로 보조를 맞추었던 것으로 짐작된다.

십삼도창의군의 서울진공작전은 군사장 허위가 지휘했다. 허위는 부대별로 서울 동대문 밖에 집결하도록 한 뒤 300명의 선발대를 거느리고 1908년 1월 말 동대문 밖 30리 지점까지 진격했다. 이때 본진의 총대장인 이인영이 부친의 타계 소식을 듣고 집상執喪을 위해 문경으로 급거 귀향하는 불행한 사태가 일어났다. 전통 유생의 신분인 그로서는 부친의 집상문제를 결코 소홀히 할 수가 없었던 것이다. 이에 허위는 군사장軍師將의 직책으로 십삼도창의군의 총지휘를 맡았다.

　　한편, 13도창의군의 서울진공계획은 그동안 너무 잘 알려져 있었다. 『대한매일신보』 같은 언론에서도 거사 두 달 반 전부터 이미 그 사실을 크게 보도했다. 이에 따라 일제는 서울 외곽의 방비에 오래전부터 전력을 쏟아 양주에 집결한 의병의 진로를 차단하는 한편, 한강의 선박 운항을 일체 금지하고 동대문에 기관총을 설치하기까지 했다. 그러므로 의병이 그 방어망을 돌파하기란 현실적으로 불가능했다.

> 군사장(허위 - 필자 주)은 이미 군비를 신속히 정돈하여 철통같이 함에 한 방울의 물도 샐 틈이 없는지라 이에 전군에 전령하여 일제一齊 진군을 재촉하여 동대문 밖으로 진격함에 대군은 장사長蛇의 세勢로 서진徐進케 하고 씨가 3백 명을 솔率하고 선두에 서서 문 밖 30리 지점에 진군하여 전군의 내회를 기다려 일거에 경성을 공입攻入하기로 계획하였더니 전군의 내집來集은 시기를 어기고 일병日兵이 졸박猝迫하는지라 여러 시간을 격렬히 사격하다가 후원後援이 부지不至하므로 그대로 퇴진하였더라.
>
> 　　　　　　　　　　　　　　　　　　　　-『대한매일신보』 1909년 9월 28일자

동대문 밖 30리 지점까지 진격한 허위의 선발대는 후발 본대가 도착하기도 전에 미리 대비하고 있던 일본군의 공격을 받아 접전을 벌인 끝에 화력과 병력 등 전력의 열세로 말미암아 패배했다. 허위가 선발대를 거느리고 진격해온 '동대문 밖 30리 지점'의 정확한 위치는 아직까지 명확히 밝혀져 있지 않으나 합리적으로 추론할 때 현재 서울 망우리공원 정도일 것으로 비정하여, 이곳에 동아일보사에서 1995년 '십삼도창의군 진격기념탑'을 세워 서울진공작전을 기념하고 있다. 이로써 십삼도창의 대진소에 의한 전국 연합의병부대의 서울진공작전은 실패로 돌아갔고 이후에는 각 부대 단위로 흩어져 독자적인 항전을 벌이게 되었다.

서울진공작전이 성공하지 못한 것은 참으로 애석한 일이 아닐 수 없다. 그러나 기동력과 화력이 일본군에 비해 현저히 열세에 놓여 있던 당시 의병 측의 전력에 비추어 볼 때, 각지 의병이 단일 부대를 이루어 서울 외곽까지 진공했다는 사실 자체만으로도 큰 의의가 있다.

화악산의 겨울

이강년은 가평 조종암祖宗巖의 왕제하王濟夏에게 편지를 보내 자신이 경기도로 북상하여 서울 가까이 다가온 이유는 전국 의병 연합체 결성에 참여하여 일제와 결전을 벌이기 위해서라며 그 구상과 계획을 밝혔다.

저희가 빈약한 무기로 일어난 지 벌써 6개월이 지났습니다. 충청도와 강원도 사이에 있으면서 가장 한스러운 것은 지혜가 부족하고 힘이 미치지 못하는 것입니다. 천하의 미약한 힘으로써 천하의 막강한 적과 버티고 있으니, 그 정경은 측은하고 그 형세는 외롭습니다. 수없이 어려움을 겪으면서 죽기를 무릅쓰고 싸우면서 서울의 1백 리 밖까지 이르렀습니다. 진실로 위급한 존망의 때에 맹세코 장차 성을 등지고 한번 싸워볼 계획입니다. 예전에 함께 공부한 것은 오늘에 같이 동맹한 것입니다. 엎드려 바라건대, 높은 지혜로써 거동하시기를 꺼리지 마시고, 대사를 도모한다면 천만 다행이겠습니다.

―「여왕참봉경시」, 『운강유고』 권1

이강년은 곧 허위와 이은찬, 이인영이 주축이 되어 십삼도창의대진소를 결성하기 위해 경기도 양주 결집을 호소할 때 여기에 호응하여 북상했고, 가평 화악산까지 진출했다는 것이다. 『대한매일신보』, 박은식朴殷植의 『한국통사』 등을 비롯하여 일제 군경의 정보자료, 이인영의 신문조서 등에 이강년이 '호서창의대장'으로 언급된 것 또한 그가 십삼도창의대진소에 참여하기 위해 북상한 사실을 그대로 반증한다.

이강년은 하지만 양주 집결에 참여할 수 없었다. 그 이유는 명확하게 드러나지 않지만, 일제 군경이 진출로를 차단해 현실적 어려움이 있었으리라 짐작된다. 일제 군경과 수차례 교전한 사실이 그러한 어려움을 짐작하게 해준다.

이강년이 경기도로 북상한 또 다른 이유는 양서 지방 진출에 있었다. 그는 양서 지방으로 올라가 그곳의 항일세력과 연합전선을 형성함으로써 더욱 효율적으로 항일전을 수행하려 했다. 이러한 계획은 당시 양서 지방에 머물던 유인석의 동향 및 의중과 긴밀히 관계된다. 서북 지방 각

가평 화악산의 험준한 산세

지를 전전하면서 오랫동안 활동해온 유인석은 1908년 2월 하순에 경기도로 북상해 있던 이강년에게 편지를 보냈다.

> 그대가 거사하였는데 신의가 밝게 드러나서 온 나라에서 우러러 사모하고 있다는 소식을 들으니 아주 탄복한다. 대저 오늘의 거사는 '천하만고의 대의'일 뿐만 아니라 그것이 큰 공효를 이루는 데는 이루 다 말할 수 없다. 그 사이에 이미 어떤 경지에 이르렀는가? 오직 좋은 결과가 있기를 축원한다. 나의 정경은 이미 드린 '일국창의소서─國倡義所書'에서 대개 서술하였으니, 더 덧붙이지 않겠다. 만약 병이 조금 낫게 되면 여러분의 휘하에 달려가 일하고 싶다. 화남華南(박장호 - 필자 주)과 원주의 친구 이인영李麟榮이 서로 물을 것이니, 저의 이 뜻을 알려주기 바란다. 지금 아들과 김낙원金洛源을 보내 말하지 못한 것을 대신 알리게 한다.
>
> ─「여이낙인」 무신년 정월 21일, 『의암집』 권7

유인석은 이강년에게 이 글을 보내 자신의 계획과 구상에 따라 향후 항일전의 방향을 설정하도록 지시했다. 이때 유인석이 이강년에게 동봉한 '일국창의소서'란 전국 각지에서 활동하던 여러 의병장에게 보낸 「여제진별지與諸陣別紙」였다. 유인석은 이 글을 통해 십삼도창의대진소 결성과 서울진공작전의 위험성을 지적하며 백두산 방면으로 근거지를 이동하여 장기 지속적인 항일전을 수행하자고 주창했다.

생각건대, 지금 의거의 묘책은 오래 버티는[持久] 데 있다. 오래 버티면 반드시 기회는 온다. 오래 버티려면 근거지를 얻고서야 가능하다. 돌아보니 동쪽으로 달리고 서쪽으로 쫓기는 형편으로 버티기가 어려운데, 근거지를 얻지 못한다면 이를 장차 어찌하겠는가? 생각하면 백두산은 일국의 근본이 되어 있고 부근의 여러 고을 즉 무산·삼수·갑산·장진·자성·후창·강계는 아주 험하여 거수據守의 요지이니 이곳을 얻어 근거지로 삼으면 크게 일을 일으킬 수 있다. 서북 지방은 사람이 굳세고 총도 잘 쏘며 서·북간도와는 연결되어 있고 우리나라 사람이 매우 많으니 성기聲氣가 상통하는 바도 없지 않으므로 그곳에서는 병력을 취합하여 훈련시킬 수도 있고 전곡을 넉넉히 조달할 수도 있으며 병기도 구입하고 만들 수도 있을 것이다. 또 청국과 러시아 두 나라와 접촉하면 길이 없지 않을 것이므로 그곳에 전국의 호걸들을 집합시켜 예기銳氣를 가다듬고 기다리다가 호령을 한번 내리면 전국을 움직일 수 있으므로 큰일을 쉽게 마무리할 수 있다. 듣자니 삼수·갑산·북청 등지에는 이미 의병이 일어나 그 기세가 대단하며 장진과 강계에도 일어나기 시작했다고 하니 우연한 일이 아니다. 지금 동남쪽의 병력 수천 명을 보내서 이들과 합친다면 세력이 굉장해지고, 바로 서북 여러 고을로 확장할 수도 있으니 근거지가 확실하게 이루어질 것이다.
지금 동남의 여러 의진이 근기近畿에 모여서 입성할 것이라는 설을 들었다. 입성이 통쾌한 일이기는 하지만, 대단히 위태한 일이다. 의병은 지금 천지의 명맥을 잇고 있는데, 일정한 묘책이 있어 일거에 국권을 회복할 것이 아니라면 불필요하게 위태로운 방책을 취해서는 안 된다. 또 달리 계책이 없는데 어찌할 수 없는 처지에 이르렀다면 혹 위험을 헤아리지 않고 한번 결말을 볼 수도 있겠으나 달리 계책이 있으면 그럴 일이 아니다. 사람들의 말이 다 그러하니 틀림없이 소견이 있는 말일 터인데 여러분의 생각은 어떠한가? 이 사람의 경망한 소견으로는 팔도에 널리 분포하여 서로 연락하면서 대응하고 자구책을 써서 저들로 하여금 조직을 못하게 하는 것이 상책일 것이다. 그러나 사세가 버티기 어렵다면 만전한 계책은 북으로 들어가는 수밖에 없을 것이다. ―「여제진별지」, 『의암집』 권24

유인석은 전국 의병 연합세력이 단기 총력전을 벌였을 때 어떤 위험성이 있는지를 지적하면서, 우선 근거지를 확보한 후 지구전을 해야 한다고 역설했다. 백두산을 거점으로 관북 개마고원 일대의 험준한 산악지대를 근거지로 설정하고, 서북 지방의 용맹한 군사들을 동원하고 삼남 지방의 의병세력을 연합하여 지구전을 전개하는 방안이 가장 현실적이며, 이러한 방책조차 끝내 불리해진다면 국외 망명을 결행하여 항일전을 지속해야 한다고 주장한 것이다. 곧 전국 의병 연합체로서 십삼도창의대진소가 결성되어 바야흐로 서울진공작전을 전개하려 하는 것은 국운을 위태롭게 하는 위험한 방안이기 때문에 재고해야 한다는 주장이다.

이강년은 그에게 절대적 영향력을 행사하던 스승 유인석에게서 받은 편지와 격문에 대해 다음과 같은 답신을 보냈다.

이제 국변이 망극한 날을 당하여 슬픔이 절박함을 스스로 견디지 못하여 두 세 동지와 더불어 감히 원주와 제천의 경계에서 의기義旗를 올려 맹세코 먼저 난적을 토벌하고 또 원수 오랑캐를 멸하여 조종의 옛법을 회복코자 합니다. 삼가 성현의 대도를 지킴은 바로 평일에 (선생님) 문하에서 강론하여 가르침을 받아 천지간에 옳을 의義 한 글자가 있음을 알아 굳게 가슴 속에 간직하여 한 몸이 있음을 알지 못합니다. 다만 한스러운 것은, 길이 매우 멀어 능히 어려움에 임하여 질의하지 못하고 밤낮으로 답답함이 물 가운데 요동치는 배의 노와 같은 처지입니다. 맏자제분(유·제함柳濟咸)과 김상인金喪人, 김낙원金洛源이 문득 화악華岳에 이르러 소매 속에서 내리신 글월을 전하여주어서 깜짝 놀라 배독拜讀하오고 체후體候가 화기和氣를 잃어 기거에 사람의 도움을 받으심을 엎드려 살피오니, 하성下誠에 놀랍고 염려스러워 몸둘 바를 알지 못하겠습니다. 신명이 도우사 수일 내로 원상을 회복하실 줄로 압니다. 강년은 군대를 거느린 이래로 영남·호서·관동의 2백 리 지경 안에서 도적의 장수와 졸개 53명을 죽이고 나아가 싸우다가 물러나 영춘·단양·영월 세 고을을 지켰는데, 한 사람의 동지도 와서 구원하는 자가 없어 홀로 그 예봉을 당하고 또 깊은 겨울을 만나 저항하여 싸우기 어려워서 이에 백여 명의 군사를 뽑아 거느리고 동쪽으로 달려가 박장호와 함께 깃발을 나란히 하고 평산平山으로 전진하여 삼가 좌우에서 지휘를 기대하면서 양서의 많은 인사들을 격려하고 일으켜 합하여 한 군데 의병의 근거지를 마련하여 오래 지탱할 계책을 세우려 하였습니다. 하지만 길에서 도적을 만나 수차 교전한 끝에 겨우 가평의 화악산에 이르러 장졸이 모두 지치고 눈보라와 추위가 점점 더 심해지며 또 서쪽의 군대가 떨치지 못함을 듣고 잠시 이곳에 머물고 있습니다. 한스러운 것은 재력이 궁핍하고 기계가 미비한 일입니다. 엎드려 바라건대 특별히 처분을 내리시어 대의를 마무리하도록 하심이 어떻겠습니까?

— 「답상의암선생」 무신년 2월 12일, 『운강유고』 권1

위 답신에서 이강년은 단양·영월·원주 일대에서 항일전을 수행하던 무렵의 외롭고 고단한 형세를 토로하고, 유인석의 활동 근거지이기도 한 황해도 평산 방면으로 이동하여 그곳의 항일의병세력과 연합하여 유인석의 지휘를 받아 지구전을 펴고자 한다고 경기 지방으로 북상한 이유를 밝혔다. 다만 북상 과정에서 일제 군경의 강력한 탄압을 받고 엄동설한을 맞아 부득이 일시 머물러 있는 중이며, 군수품과 무기가 부족하여 고통을 받고 있는 실상을 호소했다. 곧 이강년이 경기도로 북상하여 유거한 것은 유인석이 주창하던 지구전에 호응하여 평산 방면으로 올라가던 도정이었음을 알 수 있다.

이강년 부대가 가평 등지로 북상하여 경기 동북 지역에서 1908년 겨울을 나게 된 것은, 큰 틀에서 볼 때 의병전쟁의 열기가 가장 고조되던 시기인 1907년 말 전국의병의 연합체로 구상된 십삼도창의대진소에 참가하기 위해서였으며, 이와 동시에 평산을 중심으로 하는 서북 지역 항일세력과 연합하고 스승 유인석과 연계한다는 이중 목표를 지향했다고 이해할 수 있다.

이강년 부대는 가평 화악산 일대에서 1908년 3월 중순까지 근 2개월 동안 주둔하면서 겨울 엄동설한을 견디어냈다. 그곳 주민들의 헌신적인 지원이 있었기 때문에 가능한 일이었다. 그 기간에 『창의사실기』를 통해 가평·포천·화천 일대의 의병 주둔지 여러 마을에서 군수물자를 지원받은 사례를 보면 근 30여 회에 이를 정도다. 지역 주민들은 의병 탄압을 위해 동원된 일제 군경의 동향과 관련된 정보까지 수집해 의병 측에 제공하여 의병이 기동하는 데 도움을 주었다. 엄동설한을 지나는 동안에는 일제 군경도 그 활동이 위축되었기 때문에 큰 접전은 없었다. 그러나 겨울이 지나고 봄이 되자 일제 군경은 의병 주둔지로 출동하여 탄압을 재개하였다. 이강년이 화악산 기슭에 머무는 동안 춘삼월에 수행한 대표적인 항일전이 가평군 북면의 용소동 전투였다.

용소동 전투는 1908년 3월 19일 새벽부터 시작되었다. 용소동 동남방의 관청리官廳里(도대리 소재) 방면에서 일제 군경 30명이 마을 주민들을 앞세워 접근하고 있다는 정보를 입수한 이강년은 즉시 전투태세에 돌입했다. 조금 뒤 총성이 도선봉 하한서가 매복한 상복호上伏虎 등성이 쪽에서 들리게 되자, 이강년은 강병수姜炳秀·김성칙 등 수십 명을 거느리고 산마루로 올라가 대응했다. 이때 후군장이 거느리던 부대도 관청리 뒷산 요충지에 매복해 있었다. 이강년은 군사들을 독려하며 전투한 끝에 일제 군경을 물리쳤고, 해질 무렵에는 대청리待淸里(현 가평군 북면 화악리 건들내 부근)로 회군했다.

이강년 부대는 3월 22일에도 용소동 부근에서 다시 일제 군경과 교전을 벌였다. 이날 미처 해가 뜨지 않은 이른 시간에 대청리 남방에서 일제 군경이 총을 쏘며 공격해왔다. 의병들은 이들을 맞아 분전했으나 부대 뒤쪽에서 배후를 기습당해 전세가 불리해졌다. 의병들은 부대를 양분하여 전·후의 일제 군경을 상대로 용감하게 싸웠으나 석양 무렵까지 벌어진 교전은 처절했다. 이날 전투에서 이강년은 한때 행방불명되어 밤새 군사들이 찾아다녔고, 이강년을 다시 만났을 때는 "의관에 서리가 덮이고 수염에 얼음이 달렸다"고 할 만큼 큰 고통을 당한 모습이었다. 한편 용소동·대청리 전투를 수행하던 무렵에 이강년은 화악산 산신제를 올려 구국 항일성전의 전도를 축원했다고 한다.

> 이 나라 근기近畿 도솔兜率의 큰 신령이시여. 높이 솟은 산이 울타리를 이루고 빛과 아름다움이 나란히 일컬어지고 해와 달이 거듭 밝았습니다. 신령의 공덕이 오랜 세월 이 땅의 군생群生을 지키셨는데, 섬나라 오랑캐가 창궐하여 우리 동방이 편안치 못하여 이에 의로운 군대를 정돈하여 이 의로운 군대를 힘입으려 하오니 처음부터 끝까지 잠잠히 도우사 강역 안의 화란을 깨끗이 쓸어버리신다면 이 세상이 다하도록 노래하고 기리어 제사 올릴 것입니다. 정결한 제물과 술로 감히 작은 정성을 바치오니, 엎드려 바라옵건대, 존령尊靈은 속히 위력을 발동하소서.
>
> —『국역 운강이강년전집』, 청권사, 1993, 101쪽

이강년 부대가 일시 주둔한 가평 용소동 부근의 관청리 마을

 부단한 행군과 반복되는 항일전, 그리고 겨울을 나는 과정에서의 피로 등으로 의병들은 매우 큰 고통을 받고 있었다. 이처럼 고단한 처지를 천지자연을 관장하는 신령의 음우陰佑에라도 의지하여 벗어나려 했던 것이다. 국권 수호의 대의를 구현하며 현실을 극복하려 한 처절한 고행의 한 단면을 보여준다.

경상북도 봉화 지역
최후의 항일전

호서 지역 회군

용소동 전투 후 이강년은 가평에서 포천 이동二東 방면으로 올라가는 도성령道成嶺을 넘어 험산준령을 타고 행군했다. 두 달 전 북상하면서 홍천을 지날 때 조우했던 박장호 의병부대와는 이때 서로 다른 방향으로 향했다.

박장호는 신태식과 함께 서북 지방을 향해 북상을 계속하여 망명길에 올랐고, 이강년은 호서 지방 근거지를 향해 동진했다. 이강년이 그동안 머물던 경기 동북부를 떠나 동진한 것은 전국 의병 연합체인 십삼도창의대진소 합류와 서북 지방 북상 투쟁을 목표로 설정한 그동안의 항일전 방략을 정리하고, 1908년 봄에 이르러 항일전의 원래 무대인 호서·영남 방면으로 회군하기 위한 것이었다.

이에 비해 이강년 휘하 일부 부대는 현지에 남아 항일전을 계속 수행하기도 했다. 동진에 참여하지 않고 활동하다가 얼마 뒤 가평 지역에서 전사해 순국한 중군장 정해창이나, 박장호와 함께 북상하다가 다시 돌아와 1908년 12월 영평 연곡리에서 일제 헌병에게 체포당한 신태식이 그 대표적인 사례다. 뒷날 이강년이 순국한 뒤에도 300명가량의 부하들이 경기도 광주 일대에서 활동을 계속하면서 서울 동대문 밖까지 접근하여 일제 군경을 습격했다고 한다. 또 1908년 말까지 가평·포천·춘천 일대에 출몰하는 의병을 거느리던 의병장을 이강년 부대의 군량관 출신이던 홍종선洪鐘善으로 파악한 것도 동일한 맥락이다.

이강년 부대는 춘천의 증운甑雲·북면, 낭천의 상간척리·주평舟坪 등지를 거쳐 인제의 서면과 과창리, 남면을 지나 4월 10일경 북면 용대리에 있는 백담사百潭寺에 도착했다. 이 무렵 우군 선봉 최동백崔東白이 군사 수십 명을 이끌고 합류해와 전력이 보강되었으므로 그를 좌익장에 임명했다. 또 박장호 휘하에서 선봉장을 지낸 이춘화李春和가 휘하 의병을 거느리고 합세해와서 그를 우익장으로 삼았다.

한편, 이강년이 백담사에 머물던 4월 12일 무렵에 일제 군경이 북쪽 방면에서 접근해와 교전을 벌였다. 반나절 격전 끝에 의병과 일제 측 모두 상당한 사상자가 났다. 그날 오후 의진은 다시 간성의 신흥사新興寺로 이진했으며, 4월 13일에는 다시 오세암五歲庵으로 옮겨 주둔했다. 백담사·오세암 일대에서 수행한 의병의 항일전에 대해서는 일제 군경의 전황보고 기록을 통해 확인할 수 있다.

이강년 의병의 전적지인 백담사(상)와 오세암(하)

은현 출몰이 지극히 교묘한 이강년은 금강산 부근 혹은 인제 부근에 근거지를 두고 그 부근을 약탈하였다. 김화·금성 부근은 경기도에서 압박당한 폭도들의 도피처가 되고, 동해안선의 삼척·울진 부근에는 초적 중 비교적 세력이 우세한 자가 횡행하여 전도全道에 걸쳐 폭도의 기세가 아직

완전히 꺾이지는 않고 있다. 금성 수비대는 4월 14일부터 24일에 걸쳐 통구 현리, 화천, 북창. 금강산 남부 부근을 토벌하여 이강년이 인솔하는 폭도 약 1백 명을 축출하고 10명을 사살하였다. 인제 수비대는 4월 30일 인제를 떠나 엄밀히 수색 검거한 결과 5월 4일 이강년·이준명李準明·정원팔鄭元八 등 이하 260명이 창암점蒼岩店 남방 오세암에 있는 것을 탐문하고 기습, 그 가운데 50명을 사살하고 기타는 궤주시켰다.

-「조선폭도토벌지」,『독립운동사자료집』 3, 독립운동사편찬위원회, 1971, 753~754쪽

위의 일제 측 의병 탄압 기록에서 이강년 의병부대가 경기도를 떠나 설악산 방면으로 동진하는 과정에서 일제 군경과 산발적으로 대소 전투를 수행한 사실을 확인할 수 있다. 게다가 이준명·정원팔 등 이강년 부대에서 분파된 잔류 부대가 지속적으로 항일전을 수행한 정황을 짐작케 한다.

인제 백담사를 떠난 이강년 부대는 몇 차례 전투를 치르면서 4월 말, 5월 초 양양 방면으로 진출했고, 5월 3일 양양 백사장에서 배수진을 치고 벌인 전투에서는 일제 군경을 크게 격파하여 큰 전과를 올리기도 했다. 이 전투 후 이강년 부대는 남면으로 물러나 유진했고, 다음 날 인제읍 영곡靈谷(영골)을 경과한 뒤 태백산맥을 따라 내륙으로 남하하여 영남·호서 방면으로 회군했다. 1907년 12월 북상길에 오른 이후 1908년 5월 영남으로 남하하기까지 이강년이 거느리는 호좌의진은 5개월 동안 근거지 이동에 따른 북상 항일전을 수행한 셈이다.

봉화 지역 항일전

서벽 전투

영동 지방에서 남행길에 오른 이강년 의병은 5월 중순경 영월 상동上東의 운기리雲基里(현 상동읍 내덕리 구름재)에 이르렀다. 이곳에서는 우선봉 백남규와 우군선봉 권용일을 만났다. 이강년이 북상한 뒤 이들은 영남 지방에 잔류하여 군사를 소모하며 항일전을 수행하고 있다가 이때 상동으로 찾아와 합류했다. 이때부터는 소백산맥 남쪽 봉화와 안동 일대가 이강년의 주된 활동무대가 되었다. 그곳에는 이미 권용일·백남규·김상태 등 이강년의 휘하 부장들이 군사력을 모으고 있었고, 그 밖에도 변학기·성익현成益賢·정경태鄭敬泰·정연철 등 부근 각지에서 활동하던 대소 의병장들이 운집하여 서로 긴밀하게 연락하며 대규모의 항일전을 준비하고 있었다.

봉화의 서벽西碧에 도착한 이강년은 대소 의진을 통합하여 이 지역 항일전을 주도해나갔다. 당시 서벽 부근에 집결한 의병의 규모를 일제가 1,500~2,000명 정도로 파악했을 만큼 대부대가 운집해 있었다. 이들 의병은 신기新基(새터)와 죽기竹基 등 서벽 부근의 마을에서 군수품을 지원받으면서 봉화·영주 방면으로 진출할 계획을 세웠다.

일제 군경은 서벽 부근에 주둔한 의병들의 왕성한 기세를 제압하기 위해 선제공격을 감행했다. 영주와 봉화에서 출동한 일제의 군경 합동 '토벌대'는 부대를 양쪽으로 나누어 덕산과 내성 방면에서 서벽으로 다가가 협공하는 전략을 구사했다. 5월 16일 새벽 4시경, 일제 군경은 예

1984년 건립된 봉화 서벽 전투 기념비(서벽초등학교)

정대로 서벽에 이르렀다. 영천과 봉화 외에 풍기·내성 등 서벽 외곽에 주둔 중이던 경찰들도 의병 탄압에 동원되었다.

일제 군경 13명이 서벽마을 입구에 다가서자, 매복하고 있던 의병들은 이들을 포위망에 넣고 일제히 사격을 가했다. 이 전투에서 의병들은 하사 우에하라上原와 일본인 순사 2명, 한인 순사 1명, 통역 1명 등 5명을 잡아 처단하는 전과를 올렸다. 일제 군경은 황급히 달아났고, 덕산을 거쳐 서벽으로 접근하던 일제 군경의 다른 부대도 고개를 내려가다가 의병들의 공격을 받고 덕산으로 퇴각하지 않을 수 없었다.

서벽 전투는 이강년이 인솔하던 의병부대가 승기를 잡고 공세를 취한 확실한 승전이었다. 좀처럼 패전을 인정치 않고 불리한 사실을 기술하지 않는 일제 측의 전투상보에서조차도 서벽 전투에 대해서는 솔직하게 패전사실을 자인했다.

> 5월 16일 영천(영주의 옛 지명 – 필자 주) 수비대장은 정찰을 위하여 하사 4명과 순사 6명을 서벽리로 파견하였다. 이 정찰대는 17일 오전 4시 서벽리 동방 약 10리 지점인 곡지谷地에서 우세한 폭도의 일단과 조우하여 거의 포위되어 탄약이 떨어지자 하사 이하 3명은 행방불명이 되고 나머지는 가까스로 퇴각하였다.
> —「조선폭도토벌지」,『독립운동사자료집』3, 독립운동사편찬위원회, 1971, 762쪽

일제조차도 영주에서 출동했던 군경이 서벽 전투에서 의병에게 섬멸적 타격을 받고 겨우 퇴각했다고 할 만큼 참패한 것으로 기술했다. 서벽 전투는 이강년이 경상북도로 내려온 직후 거둔 최초의 승첩으로, 이 전투에 뒤이어 벌어지는 봉화 내성과 안동 재산에서의 승전을 예고하는 신호탄이 되었다.

내성 전투

서벽 전투에서 패한 일제 군경은 부족한 군사력을 보충하기 위해 예천·안동 등지에 증원군을 급파해달라고 긴급히 요청했다. 이에 따라 안동 수비대 병력 40명과 경찰분서 순사 5명이 영주 방면으로 증파되었고,

예천 주둔 일제 군경의 일부 병력도 지원되었다.

서벽 전투 후 일제 군경이 내성乃城(현 봉화읍) 방면으로 후퇴하자, 이강년 의병부대도 이들을 추격하여 내성으로 이동했다. 5월 18일 새벽에 파수의병이 영주 방면에서 접근하는 일제 군경을 탐지하자, 이강년은 즉시 전투 대비에 들어갔다. 매복전과 조우전을 적절하게 펼치는 뛰어난 전법을 구사하여 6시간에 걸친 접전 끝에 이들을 물리치고 내성을 장악할 수 있었다. 이 무렵 안동·영주·예천 등지에서 출동한 일제의 증원대가 도착하여 가세하자, 이강년 부대는 그 예봉을 피해 야음을 틈타 신속하게 다시 서벽 방면으로 철수했던 것이다. 한편 일제 측 정보기록에서도 이날의 치열한 전투에 대해 다음과 같이 기술했다.

> 이 폭도는 수괴 변학기가 지휘하는 집단으로 그 수를 천 명이라 호언하며 (5월) 18일 대거 내성으로 습격해왔다. 내성 헌병분견소장인 다지마田島 헌병소위는 헌병, 경찰을 독려하여 6시간 방어전 끝에 20명을 사살하고 겨우 내성 서북쪽 1천 500미터 지점으로 격퇴시켰다. 그러나 폭도는 의연 그곳에 머물러 대오를 정돈하고 재차 내습하려는 기세가 보였다.
>
> ―「조선폭도토벌지」, 『독립운동사자료집』 3. 독립운동사편찬위원회, 1971, 762~763쪽

내성 주둔 의병의 총수를 변학기로 파악한 위 기록은 이강년 부대 외에 여러 의병이 내성 전투에 합세했다는 사실을 알려준다. 또 집결된 의병 수를 1,000명으로 호언했다는 대목도 여러 의진이 연합한 정황을 암시한다. 대규모 의병은 내성을 습격하여 6시간에 걸쳐 일제 수비대와 경

찰대를 포위한 채 공세를 취했을 만큼 압도적 우위를 보였던 것이다.

재산 전투

1908년 5월 중순에 연이어 벌어진 서벽 전투, 내성 전투는 의병 측이 대규모 군사력을 활용해 성취한 압도적 전황으로 일제 군경에게 큰 타격을 주었다. 연이은 승전은 결국 그동안 거의 독자적으로 활동하던 이만원·권용일·백남규·하한서·성익현·변학기 등 여러 의병부대가 이 시기에 와 한정된 봉화 지역에 결집하여 공동 전선을 형성함으로써 전력을 극대화해낸 결과이기도 했다.

봉화·영주·안동 등 경상북도 북부 소백산맥 기슭에서 의병이 기세를 크게 떨치게 되자, 일제 침략군 제47연대장 나마타메生田目 대좌가 각 수비대에 훈령을 내려 소백산맥 방면의 의병을 탄압하는 데 총력을 다하도록 했다. 또 제3대대의 일부를 영월에서 봉화 방면으로 진출시켜 그 일대에서 활동하던 의병을 탄압했다. 게다가 영춘·영월·영천의 각 수비대는 장교 이하 20~40명 규모의 이른바 토벌대를 편성하여 5월 20일에서 22일에 걸쳐 일월산 및 소백산 남쪽 기슭을 철저하게 수색해 탄압하도록 조처했다. 결국 일제는 이강년이 지휘하는 연합의병부대를 탄압하기 위해 남부수비관구의 상당한 전력을 투입했던 것이다.

내성 전투 후 이강년 부대는 동쪽 일월산 기슭의 재산才山(재산면 현동) 방면으로 이동하여 전열을 정비하고 있었다. 6월 4일 예안 수비대장 고노河野 중위가 20명의 병력을 이끌고 봉화 재산으로 출동했다. 일본군의 접근 정보를 탐지한 이강년은 휘하 참모들과 함께 전투 대비태세

봉화군 재산(현동리)

에 돌입했다. 이만원과 권용일이 거느리는 부대는 마을 입구에 매복시키고, 하한서 부대와 성익현 부대는 각기 마을 좌우에 매복시켰으며, 백남규는 군사를 나누어 길을 끼고 양편으로 매복하도록 명령했다. 그리고 이강년은 우군을 거느리고 남산에 올라 일본군이 접근해오기를 기다렸다.

이때 일본군은 의병의 복장으로 변장하고 의병 기치까지 앞세우며 '변장토벌대'로 가장하고 있었다. 이를 눈치 챈 이강년은 한 부대를 보내어 이들을 환영하는 듯 유인하여 의병의 포위망 속으로 깊숙이 끌어들였다. 이때 사방에서 매복하고 있던 의병들이 일제히 집중사격을 가해 '출동 병력의 태반을 사살하는' 결정적인 타격을 입혔다. 의병 측은 압도적 승전에도 불구하고 교전이 격렬했던 만큼 수십 명의 인명 손실을 감내해야만 했다. 하지만 이날 벌어진 재산 전투에 대해서 일제 전투기록에서는 다음과 같이 기술하여 그 패전 사실을 교묘하게 은폐했다.

6월 4일 예안 수비대장 고노河野 중위 이하 20명은 재산 서방 약 20리 거리에 있는 중신동中新洞(소재 불명 – 필자 주)에서 수괴 이강년이 인솔하는 폭도 약 700명과 조우하여 공격 중 폭도는 일부 진지를 점령한 다음 총격을 가장한 총소리를 내어 토벌대의 사기 저하를 꾀하고, 대부분은 양익兩翼에서 포위하려는 형세를 보여 그 태도가 만만치 않았다. 그러나 토벌대의 맹렬한 사격에 의하여 사상자 70여 명을 버리고 영양 방면으로 이동하였다.

- 「조선폭도토벌지」, 『독립운동사자료집』 3, 독립운동사편찬위원회, 1971, 763~764쪽

그러나 현재 남아 있는 자료만 보아서는 재산 전투의 실상이 어떠했는지 명확히 알 수 없다. 의병 측 기록과 일제 측 기록이 너무나 상이하기 때문이다. 하지만 재산 전투의 경우, 위 기록에서 "그 태도가 만만치 않았다"고 하여 의병이 취한 공세의 정황과, 『창의사실기』에서 보여주는 공세적 분위기, 나아가 전과에 대한 기록 등을 비교해 보면 이강년 의병부대가 승전한 사실을 감지할 수 있다. 의병 탄압과 관련하여 일제가 남긴 대부분의 전투기록은 대량학살의 실상을 생생하게 보여주는 자료이지만, 동시에 자의적이고 주관적이며 허위와 기만으로 가득한 자료이므로 그 양면성에 유념해야 한다.

옥중 투쟁과 순국

달이 지는 작성鵲城

말이 나가지 않음이여, 때가 이롭지 않음이로다	驥不逝兮不利時
까치성 구름 낀 해도 슬픔을 머금었네	鵲城雲日亦含悲
하늘이 나를 망하게 했으니, 싸운 것이 어찌 죄이리요	天之亡我戰何罪
오로지 권토중래 기약해보네	捲土重來猶可期

이강년이 까치성(작성)에서 피체된 뒤 총독장 이만원이 그 참담한 심경을 읊은 시이다. 하늘을 원망하는 심경으로 이강년이 피체된 비분을 토로한 것이다.

봉화 재산 전투 이후 이강년 부대의 항일전은 여러 가지 난관에 부딪혔다. 우선 이강년의 활동무대였던 경상북도 북부 내륙 지역을 대상으

청풍 작성 원경　이강년이 피체된 곳이다.

로 일제 군경이 파상적 탄압을 가해 활동 공간을 더 이상 확보할 수 없었다. 이러한 난관과 더불어 의진 내부에서도 유격전으로 인한 끊임없는 행군과 계속된 연전으로 말미암아 전력이 크게 소모되어 새로운 군사와 군수물자 보급, 보충 없이는 항일전을 계속하기 어려웠다.

　이강년이 6월 하순에 들어와 원주 배향산을 목표로 북상한 것도 그곳에 은닉해놓은 무기와 탄약을 찾아 전력을 보강하고 전열을 재정비하기 위해서였다. 하지만 은닉한 무기를 확보하지 못한 채 평창 서쪽의 사자산獅子山(영월군 무릉도원면 법흥리)으로 행군하여 잠시 주둔해야 했다. 그리고 6월 28일에는 사자산 기슭인 평창 대화면 계동에서 사토佐藤 대위가 인솔하는 원주 수비대의 공격으로 큰 타격을 입어 이 일대에서도 더 이상 항전을 계속할 수 없게 되었다.

　이강년은 새로운 근거지를 마련하기 위해 잔여 의병을 이끌고 호남

봉화 지역 항일전과 작성 피체

지역으로 이진할 결심을 굳혔다. 그는 70여 명의 부하를 거느리고 영월을 거쳐 청풍 북쪽 남한강에 도착했으나 강을 건널 수 없었다. 이강년 부대를 추격하던 일본군이 미리 나룻배를 차단한데다가 장맛비로 강물이 불어났기 때문이다. 하는 수 없이 우회로로 영춘의 산길을 경유하여 능강동綾江洞으로 향하다가 소금장수의 배를 만나 겨우 강을 건넌 뒤 금수산 기슭 작성에 이르렀다. 참으로 고단한 고심혈통의 행군이었다. 이때 공교롭게도 장맛비가 내려 행군이 불가능해졌고, 그곳에 잠시 주둔할 수밖에 없었다. 그날이 1908년 7월 1일이었다.

한편, 이 무렵 단양에서 출발한 일본군 수비대 아오지마靑嶋 소위 이하 21명이 제천경찰서 소속 순사들과 함께 이 일대의 의병을 색출하고 있었다. 7월 1일(음력 6월 3일) 아오지마 부대는 단양에서 청풍 방면으로 이동하던 중 금수산 소야동所也洞 민가에 들러 주민을 심문했다. 심문 결과 의병 25명이 마을을 통과하여 금수산으로 향했다는 정보를 얻게 되자, 곧 그 사실을 본대에 급보한 후 의병을 추격했다.

7월 2일, 운명의 날이 밝았다. 이날 오전 10시경 일본군은 청풍 포전리浦田里로 통하는 도로 서쪽 금수산 기슭에서 이강년이 인솔하는 의병 70명이 올라오는 것을 발견했다. 이강년은 척후에서 아무런 연락을 받지 못했기 때문에 별다른 경계 없이 산기슭을 올랐고, 이때 매복해 있던 일본군이 기습을 감행했다. 포전리에서 작성 기슭으로 이동하다가 당한 일이었다. 거의 두 시간 동안 교전이 벌어졌다.

이 전투에서 이강년은 왼쪽 발목 복숭아뼈에 관통상을 입고 계곡 쪽으로 은신했으나, 뒤를 추적해온 모리森 순사에게 피체되고 말았다. 이때 그는 다음과 같은 애절한 시를 남겨 후인의 심금을 울리고 있다.

탄환이여 참으로 무정하도다	丸子太無情
발목을 다쳐 나아갈 수 없구나	踝傷止不行
만약 심장에 맞았더라면	若中心腹裏
욕보지 않고 저 세상 갔을 것을	毋辱到瑤京

이 전투에서 이강년이 피체된 외에도 도선봉 하한서를 비롯하여 의병 7명이 전사 순국하고 말았다. 이강년은 피체된 후에도 조금도 굴하지 않고 주위 사람들에게 전몰 순국자들을 잘 묻어달라고 부탁하고 포박당했다. 1896년 의병에 투신한 이래로 13년 동안, 1907년 봄 재기하여 호좌

창의군을 이끌고 의병전쟁에 투신한 뒤 1년 동안 끊임없이 지속되었던 이강년의 항일전은 이로써 종언을 고했다.

옥중 순국, 드높은 의기

피체 후 이강년은 제천에서 충주로 끌려갔고, 충주에서 다시 서울로 이송되어 일제의 이른바 한국주차헌병대 본부에 감금되었다. 이강년은 피체 후에도 의병장으로서의 기개를 조금도 굽히지 않았다. 체포 직후 일본군이 상처를 치료하려 하자 이를 단호히 거절했을 뿐만 아니라 그들이 제공하는 음식은 입에도 대지 않았다. 충주에 잠시 감금되었을 때에는 주민과 이속吏屬에게 다음과 같은 말을 남기기도 했다.

> 그대들은 나를 아는가? 내가 거의한 이유는 토적복수討賊復讐에 있었다. 지금 불행히도 포로가 되었으니 반드시 죽게 될 것이나, 이후 나보다 더욱 유위有爲한 인물들이 반드시 등장하리라. 성인이 이른바 "사람이 사는 것은 바른 생각인 것이니, 바른 생각 없이 사는 것은 요행이 죽음을 면했을 따름이니라[人生直 罔生幸免]"라고 한 것을 어찌 의심하리오.
>
> －송상도, 『기려수필』, 국사편찬위원회, 1955, 124쪽

그는 자신이 죽은 뒤에도 유지군자에 의한 항일전은 부단히 이어질 것임을 믿어 의심치 않았다. 일제의 충주 수비대장 등이 이강년을 심문하면서 "그대도 한 사람의 위인이나 지금은 붙들린 이상 심문에 대하여

어떠한 일이라도 속임 없이 진술하라"고 하니, 이강년은 다음과 같이 답했다.

> 나는 38세부터 의병으로서 국가를 위하여 너희와 싸워 왔는데 이제 51살이 되었다. 13년 동안 시종 국가를 위하여 힘을 다하였으나 지금 불행히도 잡혔다. 후사를 조금도 바랄 것이 없다. 무엇이든 물어봐라.

이에 수비대장이 "그대는 의병으로 행동하는 것이 곧 국가를 위하는 것이라고 하지만, 그것은 대세를 바로 보지 못하고 미혹한 오판에서 나온 것인데, 지금 생각은 어떤가?"라고 물었다. 이강년은 여기에 답하여 1895년 을미사변 이후 1907년 광무황제 강제 퇴위에 이르기까지 일제가 자행한 침략 행위를 적나라하게 성토했다. 일제의 심문 보고문건에서 "그는 자못 담대하여 조금도 진실을 들을 수 없고 심문의 결과도 요령을 얻을 수 없었다"라고 고백한 대목을 보더라도 그가 얼마나 당당하고 의연하게 처신했는지 알 수 있다. 『대한매일신보』에서는 서울로 이송될 때 이강년의 의연한 풍모를 다음과 같은 기사로 소개했다.

> 일본병 수십 명이 의병장 한 사람을 포박하여 인력거에 탑재 입성하였는데 이 의병장의 용모는 홍안에 표불飄拂하여 좌고우면하며 의기가 자약自若하다.
> — 『대한매일신보』 1908년 7월 11일자

이강년은 서울 도착 후 7월 5일 한국주차헌병대 본부에 갇혀 신문을

일제의 소위 한국주차헌병대 건물 자리(서울 숭례문 수입상가 부근)

받았고, 그 사실은 『황성신문』 1908년 7월 8일자로 보도되었다. 이때 그는 "보고 싶은 자는 이등(伊藤)뿐이다. 너희 더러운 무리[醜類]와는 말하지 않겠다"고 하며, 또 "괴수 이등은 어디 있느냐? 한번 만나 죄를 성토하고 죽겠다"고 하면서, 대한 침략의 원흉 이토 히로부미의 죄상을 맹렬히 규탄했다. 그는 일제 헌병대에 붙잡혀 있는 동안 착잡한 심경을 다음 두 수의 시로 읊었다.

오십 년 이래 죽기로 한 마음	五十年來判死心
오늘 살기를 바라리오	到今寧有苟生心
두 번 출정에도 끝내 회복 어려우니	盟師再出終難復
죽어서도 오히려 싸울 마음 남으리라	地下猶餘冒劒心
더디고 더딘 여름날 사람 보기도 어려운데	遲遲夏日見人稀

교활한 오랑캐 말마다 살길 찾으라네	猾虜隨言覓括機
존화양이 대의를 몸으로 지켜내고	大義尊攘身以守
당당히 죽으리니 슬픔을 말하지 말라	堂堂就死莫云悲

죽음을 각오한 굳은 결심과 지하에서라도 싸움을 멈추지 않겠다는 강경한 투쟁성이 우리를 숙연하게 한다. 자신이 굳게 믿고 있던 존화양이에 대한 절대적 신념을 통해 정통 선비의 강직한 의식세계와 올곧은 기상을 엿볼 수 있다.

이강년은 일제 헌병대에서 신문을 받은 뒤 1908년 9월 1일 경성지방재판소로 옮겨 재판을 받았다. 이때 그는 법정 관계자들을 향해 다음과 같이 준엄하게 꾸짖었다.

> 소위 관원들이 모두 왜놈인가? 너희 더러운 무리와는 말하지 않겠다. 너희들이 우리나라 사람으로서 어찌 대대로 원수인 적에게 붙어 우리 종묘사직을 엎고 우리 동포를 해치려 하느냐. 차마 너희가 짐승의 형상을 한 것을 보지 못하겠다.
>
> — 박정수·강순희 편, 구완회 역, 『국역 창의사실기』, 2014, 132쪽

또 "왜 의병을 일으켰는가?"라고 거의한 이유를 묻자, 이강년은 다음과 같이 당당하게 거의 명분과 목적을 진술했다.

> 너도 또한 우리나라 사람인데, 어찌하여 오늘 의병이 일어난 까닭을 알

지 못하는가? 내가 왕실의 후예로서 비록 시골에 엎드려 있지만 이처럼 국가가 위급한 때를 당하였으니 사람이면 다 그렇듯이 차마 앉아 보지 못하고 의병을 일으켜 적의 무리를 토벌하여 국가가 망하는 것을 지키려 한 것이다. 이미 여기에 이르렀으니 빨리 죽기를 원한다. 선비는 죽일 수 있으나 욕보일 수는 없다.

- 박정수·강순희 편, 구완회 역, 『국역 창의사실기』, 2014, 132쪽

이어 "공세公稅를 빼앗은 것을 어찌 의롭다고 하는가?"라고 항일전 과정에서 세금을 군수물로 '부당하게' 전용한 문제를 지적하자, 그는 일제 국권 침탈 하에서 재직하던 관원들의 반민족성을 통렬하게 논박했다.

내가 임금의 마음을 본받아 국가가 급박한 마당에 달려들었다. 국사를 위하여 나라의 돈을 쓴 것이 역적인가? 너희가 원수의 형세를 빙자하여 군왕이 협박당하는데도 적의 무리를 위하면서 봉급을 받아먹는 것이 역적인가?

- 박정수·강순희 편, 구완회 역, 『국역 창의사실기』, 2014, 132~133쪽

이강년은 9월 22일 경성공소원에서 교수형을 선고받았다. 경성감옥(후일 서대문형무소로 명칭을 바꿈)에 수감되어 있는 동안 그는 다음과 같은 유시를 남겼다.

| 성패를 어찌 모름지기 말하리오 | 成敗何須說 |
| 조용히 말한 바를 실천하였네 | 從容始踐言 |

경성공소원 이강년이 재판을 받은 곳이다.

| 붉은 마음 배양하여 징험하니 | 丹心培養驗 |
| 성조의 은혜 감읍하노라 | 感泣聖朝恩 |

이 유시는 이강년 자신이 걸어온 평생 이력과 항일 역정을 회상하며 지은 것이다. 그는 여기서 평소 배양한 의리와 명분을 끝까지 실천한 삶을 살아온 것으로 자부하고, 순국이 오히려 살신성인으로 귀결하기에 이에 감읍한다고 술회했다.

이강년이 경성감옥에 투옥되자 큰아들 승재承宰(1881~1917)가 급하게 따라 올라왔다. 승재를 만난 이강년은 다음과 같이 말했다고 한다.

내가 고심하여 토벌하고 복수한 지 13년에 저들을 섬멸하지 못하고 도리어 저들에게 죽게 되었다. 비록 무척 분하고 원통하지만, 운명이니 어찌

하랴. 너는 지나치게 슬퍼하지 말아라. 집안일은 대략 유서에 적었으니 다시 말할 것은 없다. 네가 나를 살리려고 무리에게 부탁하면 결단코 내 자식이 아닐 것이니, 신중하게 처신하여 그렇게 하지 말라.

– 박정수·강순희 편, 구완회 역, 『국역 창의사실기』, 2014, 133쪽

이강년은 아들 승재가 혹여 아버지 목숨을 살리기 위하여 구명운동을 벌일까 염려되어 "나를 살리려 한다면 내 자식이 아니다"라고 했을 만큼, 의로운 죽음을 맞이하겠다는 결심을 아들에게 명확히 밝히고 이를 방해하지 말라고 엄하게 명했다. 그는 또 죽음에 앞서 몇 통의 유서를 작성하여 옥졸에게 이를 전하도록 했다. 전국의 동지사우들과 종제 강수康壽, 그리고 장자 승재에게 남긴 고결문告訣文이었다. 먼저 전국의 동지사우들에게 남긴 글의 요지를 소개하면 다음과 같다.

강년은 양심이 격동함을 참을 수 없어 병신년(1896) 이래로 13년간에 두 번 의기義旗를 들고 일어나 피를 뿌리고 토벌하여 대전 30여 회에 적추賊酋 50여 명을 죽였다. 불행히도 금년 6월 4일에 힘은 다하고 길은 막혀 탄환에 맞아 사로잡혀 내외의 적을 크게 꾸짖고 옥중에서 오래도록 욕을 당하다 이제 죽게 되었다. 이 몸은 존화양이尊華攘夷의 대의에 죽는 것이니, "하루를 더하더라도 그치는 것보다 낫다"(최후까지 항일전을 펼친다는 의미 – 필자 주)는 것도 이제는 그만이 되었다. 나는 어찌할 수 없지만, 바라건대 여러분은 적의 기세가 강하다고 본래의 뜻을 어기지 마시고 더욱 강상에 돈독하며 피를 뿌리고 와신상담으로 광명한 날을 기다리시라. 강년

은 잡혀서 죽게 되니, 통분한 마음을 금할 수 없어 충심衷心을 보이는 것이다. 사방 재배하노라.　　　　－「고결팔역동지사우」, 『운강선생유고』 권1

전국 항일전선에서 투쟁하는 동지사우들을 향해 13년간 항일전에 투신한 자신의 이력을 회고하면서 죽음을 눈앞에 둔 절박하고도 처절한 심경에서 의병들이 본심을 잃지 말고 항일전을 계속하여 역사의 전도를 밝혀줄 것을 호소한 것이다.

다음으로 종제 이강수에게 남긴 유서에서는 "종형은 덕이 박하여 뜻을 펴지 못하고 마침내 사로잡혀 장차 죽게 되니 속된 정리로 말하면 슬픈 일이다. 내 마음은 슬프지만, 마치 (원래대로) 돌아가는 것 같다. 인생 백 년에 누가 한 번 죽음이 없겠는가. 그 이욕利慾의 마당에서 서로 다투어 죽은 뒤에 세상에 알려지지 못하는 것이 어찌 나라를 위하여 원수를 갚다가 죽는 것만 같겠는가"라고 하여 자신의 순국 사실을 알리고 집안 후사를 당부했다. 마지막으로 큰아들 승재에게 남긴 유서의 요지는 다음과 같다.

네 아비의 평생 품은 단충은 왕사王事에 죽고자 한 것인데, 이제 뜻을 이루니 또 무엇을 한하랴. 너는 놀래어 두려워 말고 정신을 가다듬어 네 아우를 데리고 그날 옥문 밖에서 기다리도록 하라. 내가 죽은 뒤 사흘 안에 장사하되 고향 산이 길이 멀고 일과 힘이 수레에 실어서 반장하기 어려우니, 이 뜻을 종가에 상세히 고하여 묏자리 한 곳을 효령대군 묘역 옆에 정할 수 있도록 청하여라. …… 네 아비가 박덕하여 잡혀 몸을 펴지 못하니 비록 힘이 있더라도 수의·관곽棺槨을 의리상 예제에 맞게 할 수 없거든, 하물며 너희 형제는 집에 의지할 사람이 없이 졸지에 여관에서 한 자의 베와 홑옷인들 어찌 마련할 수 있으랴. 다만 갇혔을 때 입던 옷가지로 선산 밑에 묻히면 내가 마음으로 달갑게 여기는 바니 유감으로 여기지 말라. ……
― 「유시승아」, 『운강선생유고』 권1

이강년은 아들에게 사후 장례 절차에 대해 이처럼 구체적으로 지시했다. 고향으로 반장하는 일이 너무 번잡하기 때문에 자신의 선조인 효령대군 묘소 옆에 자리를 정해 수의와 관곽을 마련하지 말고 평시 입던 옷 그대로 매장할 것을 명했다. 이렇게 박장薄葬을 명한 것은 자식들의 효성에 대한 부담을 덜기 위한 의중과 함께 문의로 보아 토적복수를 완수하지 못한 데 대한 일종의 자책감, 자괴감의 발로이기도 했다.

사형 선고 후 20여 일이 지난 1908년 10월 13일, 이강년은 향년 51세로 순국했다. 형 집행에 앞서 일본인 교도관이 술을 권하자 "술을 좋아한다 해도 어찌 왜놈의 술을 마시겠느냐"라고 하면서 단호히 거절했고, 일본 중이 설재設齋하고 염불하려 하자 물리쳤다. 또 전하는 기록에는 형 집행시에 바지가 흘러내리자 운명하기까지 14분 동안 이를 붙잡고 있었다고 한다.

그의 시신은 유언대로 과천으로 넘어가는 남태령 입구의 효령대군 묘 옆에 임시 매장했다가 두 달 뒤인 1908년 12월 제천의 동면 장침리長枕里로 이장했고, 그 뒤 다시 상주군 화북으로 옮겨가 현재에 이르고 있다.

이강년은 전실 안동김씨와의 사이에 아들 승재와 딸 둘을 두었다. 승

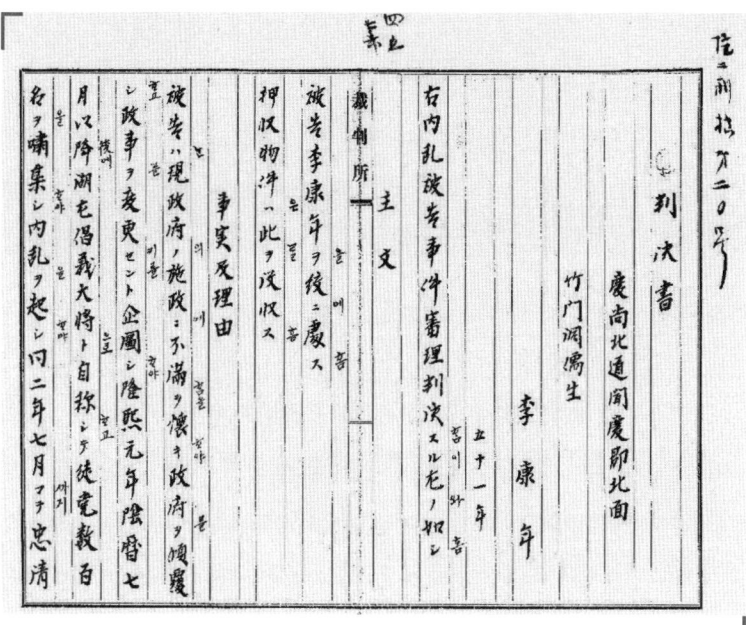

이강년 사형 판결문

재는 아버지의 뜻을 이어 일제가 제공하는 장례비 수령을 단호하게 거절했고, 부친의 복수와 국권 회복을 위하여 진력하다가 1917년에 죽음을 맞이했다. 세상 사람들이 "의로운 아버지에 효성스런 아들[父義子孝]"이라 한 것이 이 부자를 두고 한 말이다. 두 딸은 김양호金養浩·정동직鄭東稷과 결혼했다. 후실 안동권씨와는 두 아들 긍재兢宰·명재明宰와 딸 하나를 두었는데, 딸은 김종석金鍾奭과 혼인했다.

　의암 유인석 문하의 동문으로 의병 동지이기도 했던 이정규는 긍재의 부탁을 받고 1939년 이강년의 행장行狀을 지었다. 장문으로 된 행장의 말미에서 그는 다음과 같이 이강년의 일생을 함축적으로 표현했다.

아! 공은 넓은 얼굴, 큰 키에 기우氣宇가 헌앙軒仰하고 힘차고 굳세어서 옛 장부의 기상이 있으며, 그 봉의 눈. 규룡叫龍의 수염, 쇠북의 소리로 앉은 곳에 바람이 일어서 보는 자가 늠연히 두려워하지 않는 자가 없었다. 천성이 강개하고 지기가 굳세어 세상의 권좌와 세리勢利 보기를 마치 초개처럼 하였으며, 뜻을 항상 만물의 위에 펴서 능히 굽히지 않고 또 나라의 흥망을 내 집의 존망처럼 보고 생민의 환우歡憂를 자기의 길흉으로 보았다. 말은 주저하지 않고 행실은 구차함이 없고 또 일을 논하여 의리를 분변함에 말이 거침없어 시비가 절로 판가름 났으며, 만약 사사로운 정으로 공익을 해치고 거짓을 꾸며 정의를 물리치는 자가 있으면 눈썹이 곤두서고 수염이 뻗치면서 비록 현달한 관원과 요직에 있는 사람이라도 면대 질책하여 조금도 용서치 않았으니 진실로 세속에 과감하게 영합하는 사람도 또한 능히 두려워하고 사랑하지 않을 수 없었다. …… 사졸은 그 은덕에 감동하고 백성은 그 의리에 복종하여 모두 죽을힘을 바쳤기 때문에 외로운 군대. 노둔한 병사로서 저 천하에 막강한 도적을 대항하여 크고 작은 30여 회 교전에서 문득 싸우면 유리하였으니 공의 무용은 웅장하고 공의 도략은 기이하다고 이를 만하다. 그러나 고금 영웅호걸에 비긴다면 공 같은 자 그 수가 한없으니 실로 귀할 것이 없다. 하지만 오직 존화양이尊華攘夷는 천지 영구불변의 큰 법칙이고 왕실을 보위하여 난적을 치는 것은 [衛王討亂] 만고의 의리이니, 공이 이 대의를 짊어지고 천하 사람의 선도가 되어 천하에 큰 절의를 세웠으니, 성패이둔의 사이에서 높고도 먼 세상의 숭상의 대상이 되었다. 잃은 것은 7척 몸이지만 그 이름은 산하와 나란히 길게 남고, 던 것은 백 년의 목숨이나 그 의리는 일월과 함께 빛나리니, 공에 있어서 무엇이 부족하리오. 그윽이 생각건대, 공의 정령精靈과 굳센 넋은 반드시 일에 따라 사라지지 않고 항상 벽력을 몰고 비바람을 재촉하여 왜의 땅을 분격하고 왜의 족속을 무찔러서 우리 예의의 나라를 광복코자 할 것이다. ……
 -「행장」,『운강선생유고』부록 권1

이정규는 이강년이 의병에 투신하여 존화양이의 영구불변의 법도와 위왕토란衛王討亂의 대의를 선도하여 순국함으로써 만세 인민의 존경과 사표가 되었다고 평가한 뒤, 그의 죽음을 "잃은 것은 7척 몸이지만 그 이름은 산하와 나란히 길게 남고, 던 것은 백 년의 목숨이나 그 의리는 일월과 함께 빛나리라"라고 일컬어 드높이 칭탄했다.

남기는 말

후인의 선양·논찬

1908년 이강년이 순국한 뒤 그를 기리는 사업은 일제강점기에도 비밀리에 이루어졌다. 1916년 정술원鄭述遠 등 과거의 동지 16명이 주도하여 이강년의 유족을 구호하고 흩어진 이강년의 문자를 모아 후세에 남기는 선양 사업을 하기로 협의했다. 그 결과 동지들에게는 은밀하게 통고문인 「경통敬通」을 돌렸다. 이 통문에는 "도와주는 이들의 이름과 거주지를 적어 후세에 전하겠다"는 주석까지 붙였다. 일제의 서슬 퍼런 무단통치 아래서 이러한 선양 사업은 역사 기억을 통한 투쟁이었고, 새로운 형태의 의병투쟁이었다.

경술국치 후 화서학파 동문으로 과거 의병 동지이기도 한 회당 박정수는 이강년이 전개한 의병투쟁의 역사와 그 실상을 정리했다. 하지만

이강년 묘소(상주시 화북면 입석리 소재)

병고로 편집 작업을 마무리하지 못한 채 중도에 그치고 말았다. 박정수가 '창의사실기'로 이름한 이강년 의병투쟁의 역사 기록은 역시 의병 동지였던 강순희姜順熙(1868~1929)가 후속 작업을 맡아 편찬을 이어감으로써 1916년 말 겨우 탈고할 수 있었다. 이강년이 세상을 떠난 뒤 8년 후의 일이다. 하지만 원본은 일제에 압수당하고 제천 박약재博約齋의 기왓장 안에 감추어두었던 부본만이 가까스로 보전될 수 있었다. 그 뒤 해방 후인 1948년에 『창의사실기』를 저본으로 수정하고 가필하여 경상북도 예천의 용궁龍宮에 있는 나암재蘿菴齋에서 목판으로 간행한 것이 그동안 널리 알려진 『운강선생창의일록』이다.

일제강점기에는 의병투쟁의 실상을 정리해 기록하면서 이강년의 문집을 편집하는 사업도 진행되었다. 곧「창의사실기」편집을 완성한 뒤에 그것을 수록한 문집으로 『운강선생유고』 3책의 편집과 필사를 완성한 것이다. 문집의 편집 작업이 완성된 시점은 확실하지 않지만, 1939년 이정규가 지은 「행장」이 수록되어 있는 점으로 미루어 그 뒤일 것으로 생각된다. 그리고 『운강선생창의일록』을 목간한 이듬해인 1949년에는 필사본의 『운강선생유고』 3책을 저본으로 윤문하고 가필한 뒤 예천의 용궁에서 역시 목판본으로 『운강선생문집』을 간행했다. 이 과정에서 제천 장침長枕에 있던 이강년의 묘소도 상주 화북으로 이장되었다고 한다.

결국 오늘날 이강년과 관련된 자료로는 일제강점기에 편집된 필사본 『운강선생유고』(「창의사실기」 포함)를 비롯하여 해방 직후에 목판본으로 간행된 『운강선생창의일록』(1948)과 『운강선생문집』(1949)이 현전하게 되었다. 필사 원본인 「창의사실기」와 목판본 『운강선생창의일록』은 내용과 구성에서 상당한 차이가 있어 엄밀한 사료 비판이 필요하다. 이강년 연구의 가장 큰 난제는 이 문제에서 비롯한다. 한편, 이강년의 문집에 대한 국역 작업도 이루어져 『운강선생문집』을 저본으로 삼아 『국역 운강이강년전집』이 1993년에 발간되었다.

예천 용궁에서 문집을 간행하던 시기에는 영남 북부의 여러 문중이 참여하여 이강년 항일투쟁 업적을 기리는 선양 행사가 펼쳐졌다. 「전국도창의대장 운강 이강년선생 유계儒契 발기문」을 발포하여 광무황제가 비밀리에 내렸다고 하는 '칙령勅令'에 의거하여 이강년을 전국 의병의 최고 지도자로 추대하는 '도창의대장都倡義大將' 선양 사업이 개시되었던 것이다.

그 뒤 1962년 3·1절을 맞아 정부에서는 이강년에게 그의 항일전이

독립운동에 끼친 공적을 기리어 최고 등급의 건국공로훈장 대한민국장을 추서했다. 그에 따라 1962년 6월에는 문경에서 가장 번화한 장소 가운데 한 곳이었던 가은역 앞에 이강년의 순의비殉義碑를 세웠다. 제막식은 당시 유달영 재건국민운동본부장과 이관구 등 중앙위의장 등이 참석한 가운데 성대하게 열렸다. 그때 설립된 '해동의사운강이선생강년지비海東義士雲崗李先生康秊之碑'의 비문은 조지훈이 지은 것이다. 이 비는 가은역이 폐쇄됨에 따라 근년 건립된 이강년기념관 경내로 이전 설치되었다.

1964년에는 서울시 주관으로 '역사를 빛낸 민족의 사표' 37인을 선정하여 중앙청에서 남대문에 이르는 녹지에다 조각상을 만들어 설치할 때 그 가운데 한 분으로 뽑혀 허위·김구·안중근·윤봉길 등과 함께 전시되었다.

1962년 문경 가은역 앞에 세웠던 이강년 기념비(현 이강년기념관 경내 이치) 조지훈이 비문을 지었다.

1966년 4월에는 전주이씨 문중에서 공론을 일으켜 상주에 있는 이강년의 묘를 문경으로 다시 이장하기 위한 움직임이 일어났다. '도창의대장 운강 이강년선생 면봉緬封 준비위원회'(위원장 이백일)가 결성되어 천묘遷墓 발의문을 발표했으나, 실제 천장은 이루어지지 않았다. 그 발의문

독립기념관 경내에 있는 이강년 어록비

가운데는 "북으로 하얼빈의 안 의사와 남에는 문경의 이 의사"라고 하여 안중근에 버금가는 위인으로 이강년을 논찬했다.

1967년에는 이강년이 이룩한 승첩 가운데 가장 두드러지는 문경 갈평 승첩 60주년을 기념하기 위해 현지 주민들이 출연하여 승전 기념비를 세웠다. 김회진金晦鎭이 비문을 짓고 경모각景慕閣 세워 60년 전 그날의 승전을 기념하는 이 비는 지금도 그 자리에 서 있다.

1989년 9월에는 독립기념관 경내에 이강년의 시어록비가 건립되었다. 이 비에는 피체 때 지은 시 한 수, 옥중에서 남긴 시 2수, 그리고 유언 한 구절이 함께 새겨져 있다. 이어 1995년 10월에는 이달의 독립운동가로 선정되어 공훈선양 행사를 진행했고, 2002년에는 이강년의 고향인 문경 완장리에 운강이강년기념관을 세워 전시 외에도 선양과 홍보를 함께하고 있다.

역사에 남긴 유훈

백범 김구는 남북협상에 즈음해서 1948년 2월에 발표한 「삼천만 동포에게 읍고泣告함」이라는 글 속에서 "왜적이 한국을 합병하던 당시의 국제정세는 합병을 면하지 못하게 되었던 것이다. 아무리 애국지사들이 생명을 도賭하여 반항하였지만 합병은 필경 오게 되었던 것이다"라고 하여 한말이라는 시대 상황에서 일제강점은 이미 피할 수 없는 민족의 운명이라 규정했다. 한반도에 대한 일제의 규정성이 우리 민족의 힘으로 극복하기에는 너무 크고 강했다는 논리다.

백범의 말대로 사실 의병전쟁의 '승패'는 이미 예견된 것이었다. 전 민족이 일치단결하여 일제와 사생결단을 벌인다 해도 일제의 마수를 극복하기에는 역부족이었다. 하지만 우리는 전장戰場에 투신한 의병들도 이처럼 고단한 형세를 직시하고 있었다는 사실을 잊지 말아야 한다. 그러므로 이기고 지고 유리하고 불리하고를 문제 삼지 않는 승패이둔불고勝敗利鈍不顧를 언필칭 표방하고 '후세에 할 말을 있게 하기 위해' 일신을 산화한 것이다. 일찍이 박은식이 의병을 '민족의 정수精髓'로 규정한 것도 이런 까닭에서였다.

이러한 견지에서 보면 의병전쟁에서 신분이나 전력, 또는 승패나 그에 따른 전과 등의 문제는 부차적인 것으로, 이러한 논의 자체가 경우에 따라서는 의병의 지순고결한 정신적 가치를 손상할 위험을 내포하고 있다. 의병전쟁 전 시기에 걸쳐 일제 침략세력 축출을 표방하고 거의한 이들은 모두가 '의병'으로서 동일한 역사적 가치를 지닌다. 의병전쟁을 논

한말 의병전쟁을 '성전(Holy War)'으로 보도한 *San Francisco Call* 1908년 3월 24일자 기사

급하는 경우에 이 점은 늘 염두에 두어야 한다.

의병전쟁에 참여한 연인원은 수십만 명에 이른다. 의병이 봉기하던 초기에는 학덕을 겸비한 양반 유생을 중심으로 규합되었으나, 항전이 격화됨에 따라 1907년 이후에는 일반 농민·상인·퇴역 군인이나 관리 등 다양한 신분 계층이 민족의 성전에 동참했다. 또 일진회나 보조원, 그리고 친일관리 등 소수의 부일매국노를 제외한다면, 비록 직접 참전하지 않았다 하더라도 물심양면으로 성전을 후원하는 '준의병'으로 전 국민이 경도되어 있었다. 곧 의병전쟁은 우리 민족의 성전이었으며, 전 민족의 총력이 경주된 국민전쟁이었던 것이다.

운강 이강년은 이처럼 고귀한 의병을 이야기할 때 언제나 서두에 오르는 인물이다. 그는 늘 의병전쟁 20년 역사를 상징하는 대표적인 의병

장 가운데 한 사람으로 언급된다. 1920년 중국 상하이에서 발간된 『독립신문』에 계봉우가 「의병전義兵傳」을 연재할 때 이강년에 대해 "이인영·허위 등 제장군이 차제 피금被擒하였으나 그 의기가 일호의 좌절함이 없이 각지 의려를 대ㅈ연락하여 문경·영춘 각처에서 누십차의 대소전이 유ㅔ하여"라고 언급하여 그의 강경한 투쟁성을 크게 논찬한 것이 그 효시다.

이처럼 이강년이 역사의 전면에 부각되어 의병전쟁을 선도한 대표적 인물로 평가되는 이유는 무엇일까? 우선 13년 동안 항일전에 투신한 이강년이 보여준 강경한 투쟁성이 특기할 만하다. 1896년 의병에 처음 투신하여 그는 의암 유인석이 이끈 제천의병 가운데 가장 전투력이 강한 부대를 이끌었다. 수안보 전투에서 보여준 그의 강인한 투쟁성은 이 시기 의병 가운데 가장 두드러졌다. 1907년 봄 재기한 이강년은 8월 대한제국군 해산을 계기로 항일전을 본격적으로 개시했고 이후 1908년 5월 피체될 때까지 근 1년 동안 간단없이 중부 내륙의 산간벽지를 타고 각지를 오가며 수십 차례 항일전을 벌였다. 이 기간 그가 보여준 부단한 항일 역정은 다른 인물, 부대에서는 찾아보기 힘든 고난과 고통의 연속이었다.

게다가 그가 거느린 부대는 막강한 일제 군경을 상대로 실제로 상당한 전과를 거둘 만큼 탁월한 전투력을 지녔다. 의병 20년 역사에서 함경도에서 활동한 홍범도, 해산 군인 출신의 민긍호와 더불어 이강년이 거느린 의진은 실제로 상당한 전투력을 보유하고 있었다는 점에서 다른 의진과 확연히 구분된다. 문경의 갈평과 서벽, 영월, 순흥, 신림 싸리재

운강이강년기념관(문경시 가은읍 완장리)

등지에서 일제 군경을 압박하면서 보여준 승첩과 공세는 의병장 이강년의 탁월한 지휘력과 전력을 그대로 보여주는 사례가 된다.

이강년은 다른 인물이나 의진과는 달리 중부지방 거의 전역을 항일전의 무대로 삼았다. 영남 문경·영주·영양·봉화, 충청도(호서) 제천·단양, 강원도 영월·원주·평창·인제, 경기도 가평·포천 등지가 그의 주요한 항일전 무대였다. 그만큼 탁월한 기동력을 바탕으로 각지를 전전하면서 유격전을 펼쳤다. 그의 폭넓은 활동무대와 탁월한 기동력은 한말 의병의 전형인 동시에 탁월한 선도였다.

항일전을 전개하는 과정에서 이강년은 현지, 인근 각지의 의병세력과 끊임없는 연합작전을 벌였다. 민긍호·이인영·조동교·신돌석·박장호 등 저명한 의병은 물론 박여성·오경묵·정대무·이명상·이창교·서병림·노면지 등 군소 의병에 이르기까지 도처에서 연합전선을 구축하여 전력을 합일해 항일전을 효율적으로 전개한 것이다. 그의 스승 유인석이 그러하듯이 이강년이 추구하던 인물과 단체, 세력 간의 통합, 그리고 연합과 연대는 이후 독립운동사를 관류하던 화두가 되었다. 그는 투쟁 과정에서 경험적으로 통합과 연합의 중요성과 필요성을 절감했다. 이강년은 곧 한말 의병전쟁의 중심에서 이를 이끈 선봉 의병장으로 산하처럼 영원하고 일월처럼 빛날 것이다.

이강년의 삶과 자취

1858	음력 12월 30일, 경상북도 문경군 가은읍 도태리에서 시골 선비 이기태李起台와 어머니 의령남씨 사이에서 출생함
1879	무과 병과 합격. 이후 종6품 절충장군 행용양위 부사과에 임용됨
1882	갑신정변 후 낙향함
1894	동학농민전쟁·청일전쟁 발발
1896	2월 23일, 가은 도태장터에서 거의, 유인석 문하 입문 후 제천의진 유격장이 됨
	3월 19일, 수안보전투를 수행함
	5월 26일, 제천의병, 제천성 실함
	9월 28일, 제천의진이 해산됨
	음력 7월, 이강년 의병 해산. 단양 금채동金采洞에 은둔함
1897	5~7월, 스승 유인석을 찾아 서간도를 탐방함
1904	2월, 러일전쟁이 발발함
1905	8월, 원용팔이 원주에서 거의함
	10월, 정운경이 단양에서 거의함
	11월 17일, 을사조약이 늑결됨
1907	5월, 의병을 다시 일으킴
	5월 27일, 영춘 용소동 패전
	7월 20일, 광무황제 강제 퇴위
	8월, 대한제국 군대 강제 해산

	8월 15일, 제천 천남 전투
	8월 17일, 영월 주천에서 호좌의병장으로 등단함
	8월 23일, 충주성전투
	9월 10일, 문경 갈평 전투
	10월 6일, 영월 전투
	10월 22일, 신림 싸리재 전투
	11월 11일, 순흥 공략
	12월, 전국 의병 연합체인 십삼도창의대진소에 참여하기 위해 경기도 북상
1908	1월, 가평 화악산 도착, 십삼도창의군 서울진공전
	1월 12~13일, 백담사·오세암 전투
	5월 16일, 봉화 서벽 전투
	5월 18일, 내성 전투
	6월 4일, 재산 전투
	7월 2일, 청풍 작성산 교전시 피체
	9월 22일, 경성공소원에서 교수형 선고
	10월 13일, 서대문형무소에서 51세로 순국함. 과천 남태령 효령대군 묘역에 임시로 매장
	12월, 제천 장침리로 이장함
1939	이정규가 이강년의 「행장」을 완성함
1948	『운강선생창의일록』(목판본) 간행(예천 나암재)
1949	『운강선생문집』(목판본) 간행(예천 나암재)
1962	3월, 건국공로훈장 대한민국장에 추서함
	6월, 가은역 앞에 해동의사운강이선생강년지비海東義士雲崗李先生康季之碑가 건립됨

1964	서울시 '역사를 빛낸 민족의 사표' 37인 중 1인으로 선정됨
	서울 세종로 조상彫像 전시
1967	문경 갈평 전적지에 갈평승첩 60년 기념 경모각, 기념비를 건립함
1995	10월, 국가보훈처와 독립기념관이 공동으로 '이달의 독립운동가'로 선정함
2002	운강이강년기념관(문경 가은읍 완장리) 건립

참고문헌

자료

- 『국역 운강이강년전집』, 청권사, 1993.
- 『대한매일신보』 1907년 11월 28일자, 「잡보」; 1907년 8월 14일자, 「잡보」; 1909년 9월 29일자, 「의병총대장 이인영씨의 약사(속)」
- 「런던대 매켄지 교수 26일 내한」, 『동아일보』 1965년 4월 22일자.
- 『武譜』(한국학중앙연구원 장서각 소장).
- 『운강선생문집』(목판본), 1949.
- 『운강선생유고』(3책, 필사본, 시기미상).
- 『운강선생창의일록』(목판본), 1948.
- 『소의신편』, 국사편찬위원회, 1975.
- 「조선폭도토벌지」·「폭도사편집자료」, 『독립운동사자료집』 3, 독립운동사편찬위원회, 1971.
- 계봉우, 「의병전」(『독립신문』 1920년 4월 27~5월 27일까지 연재); 『의병전쟁연구 상』, 지식산업사, 1990.
- 국사편찬위원회 편, 『한국독립운동사 - 자료 8(의병편)』, 1979.
- 김희곤·권대웅 편, 『을미의병일기』, 국가보훈처, 2003.
- 독립기념관 한국독립운동사연구소 편, 『한말의병자료』 4, 2002.
- 매켄지 저, 이광린 역, 『한국의 독립운동』, 일조각, 1969(1982, 중판).
- 박정수·강순희 편, 구완회 역, 『국역 창의사실기』, 세명대 지역문화연구소, 2014.

- 송상도, 『기려수필』, 국사편찬위원회, 1955.
- 신태식, 「정미년 창의가」, 『한말의병자료집』 1, 독립기념관 한국독립운동사연구소, 1989.
- 유인석, 『의암집』 권17, 「與李樂仁」 무신 정월 21일; 「答李樂仁康年」 정유; 권24, 「與諸都陣別紙」
- 이구영 편역, 『호서의병사적』, 수서원, 1993.
- 이소응, 『습재집』 권55, 부록, 「연보」.
- 이정규, 「종의록」·「창의견문록」, 『독립운동사자료집』 1, 독립운동사편찬위원회, 1971.
- _____, 「雲崗李公遺事」, 『항재집』 권16.
- 최익현, 『국역 면암집』 3, 민족문화추진회, 1982.
- 토지주택박물관 편, 『진중일지 1(1907)』, 영인본, 2010.
- 홍우석, 『강원도선유일기』, 1907, 규장각 자료번호 26079.

논저

- 구완회, 『한말 제천의병 연구』, 선인, 2005.
- _____, 『한말의 제천의병』, 집문당, 1997.
- _____, 『영원한 의병장 운강 이강년』, 지식산업사, 2015.
- 김상기, 「보병 제14연대 진중일지를 통해본 이강년 의진의 활동」, 『제천의병의 재조명과 전망』, 세명대학교 지역문화연구소, 2011.
- 김의환, 「항일의병장 이강년과 애국민중들과의 왕복 서한문(37통) 발견에 즈음하여」, 『한일연구』 9, 한국일본문제연구회, 1996.
- 박민영, 『대한제국기 의병연구』, 한울, 1998.
- _____, 『중기의병』, 독립기념관 한국독립운동사연구소, 2009.
- _____, 「의암 유인석의 위정척사운동」, 『의병전쟁연구 상』, 지식산업사,

1990.

- _____, 「운강 이강년의 생애과 사상」, 『한국근현대사연구』 13, 한국근현대사학회, 2000.
- _____, 「東泉 南相穆 의병장의 항일전에 대한 분석적 고찰」, 『성남문화연구』 22, 2015.
- 박성수, 「허위의 사상과 투쟁」, 『나라사랑』 27, 외솔회, 1977.
- 신용하, 「왕산 허위의 제2차 의병활동」, 『왕산허위의 사상과 구국의병투쟁』, 금오공과대학교 선주문화연구소, 1995.
- 윤병석, 『한말 의병장 열전』, 독립기념관 한국독립운동사연구소, 1990.
- 이광린, 『한국사강좌』 5(근대편), 일조각, 1984.
- 이구용, 「운강 이강년의 항일의병활동」, 『강원사학』 7, 강원대 사학회, 1991.
- 정제우, 『운강 이강년 의병장』, 독립기념관 한국독립운동사연구소, 1997.
- _____, 「구한말 의병장 이강년 연구」, 인하대학교 박사학위논문, 1992.

찾아보기

ㄱ

가흥可興 31
갈평 승첩 122
갑신정변 14
갑오경장 19
강병수姜炳秀 176
강수명姜秀明 157
강수빈姜秀斌 76
강순희姜順熙 207
『강원도선유일기』 139
강천康川 39
강화도조약 19
「격고각도열읍문檄告各道列邑文」 103
「격고재외동포檄告在外同胞」 166
「격고팔도열읍檄告八道列邑」 54, 105
경모각景慕閣 210
경성감옥 198, 199
경성공소원 198
경성지방재판소 197
「경통敬通」 206
계봉우 213
고노河野 147, 187, 189
고모성姑母城 28
곽종석郭鍾錫 25
군국기무처軍國機務處 19
권세연權世淵 25, 29

권용일權用佾 124, 135, 138, 156, 183, 188
권중희權重熙 167
금수산 193
금채동金采洞 68, 77
기치機峙 154
기쿠치 도노모菊池主殿 115, 119, 120, 130
기통旗統 77
김교홍金敎弘 117
김규식金奎植 164, 165
김기찬金基燦 117
김낙중金洛中 71
김도화 25
김룡사金龍寺 116, 120, 126
김상태金尙台 84, 99, 100, 134, 153, 154, 156, 183
김상한金商翰 135
김상호金商虎 117
김석중金奭中 26, 27
김성칙金聖則 159, 176
김수민金秀敏 164, 165
김양호金養浩 203
김영식金永軾 118
김재담金在聃 27
김종석金鍾奭 203
김평묵金平黙 42

222 의병전쟁의 선봉장 이강년

김학수金鶴洙 99
김현규金賢圭 117, 122
김홍경金鴻敬 76
김홍집金弘集 35
김회진金晦鎭 12, 210
김흥락 25
김흥룡金興龍 126
까치성 190

ㄴ

나가타니水谷 122
나마타메生田目 187
나암재蘿菴齋 207
남부수비관구 119, 187
남상목南相穆 118
남필원南泌元 133, 136
내성 전투 185, 187
노고성老姑城 118
노면지盧勉墀 162
느릅재 129, 154
니시오카西岡 130, 131

ㄷ

다지마田島 186
단발령 22
대성암大成庵 126
대승사大乘寺 120, 125
대청리待淸里 177
대한독립단 161
『대한매일신보』 73, 170
대한십삼도유약소大韓十三道儒約所 74

덕주산성德周山城 33
도창의대장都倡義大將 208
도체찰사都體察使 101
『독립신문』 213
「동비시욕창의미과東匪時欲倡義未果」 18
동학농민전쟁 15, 18

ㅁ

마쓰이 시게루松井茂 16
매켄지Frederick Arthur McKenzie 109
명봉사鳴鳳寺 116, 125
모리森 193
모항령毛項嶺 118
문태수文泰守 167
미하라三原 122
민긍호閔肯鎬 10, 91, 95, 96, 98, 103, 106, 109, 165, 167, 213
민영환閔泳煥 75
밀령점密嶺店 26

ㅂ

박갑주朴甲冑 144, 159, 162
박기섭朴箕燮 164, 165
박수창朴受昌 71
박약재博約齋 79, 82, 207
박여성朴汝成 95
박은식朴殷植 170
박장호朴長浩 161, 162, 179, 180
박정빈朴正彬 165
박정수朴貞洙 18, 69, 207
박중양朴重陽 16

방인관方仁寬 167
배향산拜向山 81, 138, 191
백남규白南奎 81, 100, 122, 124, 134, 138, 143, 150, 153, 183, 188
백담사白潭寺 180, 182
베틀재 154
변복령變服令 20, 21
변장토벌대 188
변학기邊鶴基 150, 183, 186
복상곡復上谷 전투 154, 155
봉복사鳳腹寺 81

ㅅ

사자산獅子山 191
「사졸서계문士卒誓戒文」 136
사토佐藤 191
삼국간섭 21
서벽 전투 183, 187
서병림徐丙林 160, 162
서상렬徐相烈 38
석현성石峴城 28
성익현成益賢 183, 188
「소격召檄」 105
『소의신편昭義新編』 57, 58
소중화론小中華論 46
「속오작대도束伍作隊圖」 77
송병선宋秉璿 75
송상도宋相燾 13
송재현宋在賢 150
수안보 전투 31, 213
순흥 149
스에야스末安 95, 106

시모바야시下林 95, 106, 108
「시일야방성대곡是日也放聲大哭」 73
신돌석申乭石 148, 149
신명희申明熙 156
신목정薪木亭 89
신숙申橚 156
신태식申泰植 144, 180
신태원申泰元 84, 118, 126
신흥사新興寺 180
심거벽沈巨擘 29
십삼도창의군진격기념탑 169
십삼도창의대진소十三道倡義大陣所 158, 163, 165, 167, 172
싸리재[椒峙] 전투 135, 138, 140, 141

ㅇ

아다치足達 지대 107, 109, 120
아사봉尙舍峰 95
아시자와蘆澤 106
아오지마靑嶋 192
아이성阿夷城 39
안기영安基榮 79
안보安保 31
안성해安成海 80, 93, 96
안승우安承禹 37, 79
어중선魚中善 69
에자와江澤 130
「여제진별지與諸陣別紙」 172
영사營司 77
영월 전투 133
영좌도총嶺左都摠 150
영호정映湖亭 98

오경묵吳敬黙 91, 95
오도구五道溝 53
오세암五歲庵 180
오인영吳寅泳 161
오철상吳哲相 142
왕제하王濟夏 169
요다依田廣太郎 119
요코橫尾 160
용소동龍沼洞 전투 82, 176
우에하라上原 184
『운강선생문집』 208
『운강선생유고』 207, 208
『운강선생창의일록』 207, 208
원건상元建常 127
원규상元圭常 37
원도상元道常 83, 128
원용석元容錫 71
원용수元容銖 71
원용팔元容八 71
원철상元哲常 156
유격장遊擊將 31
유병선劉秉先 93
유인석柳麟錫 17, 36, 38, 42, 170, 174
유중교柳重教 42, 161
유치楡峙 전투 127, 129, 130, 153
유회군儒會軍 18
윤기영尹基榮 33, 89, 92, 93, 95, 100, 135, 138
윤용구尹容九 150
윤창호尹昌鎬 88
을미사변 21
을사조약 72
응암鷹巖 143, 144

「의병전義兵傳」 213
의풍義豊 149
이강수李康壽 27, 200, 201
이규석李圭錫 71
이규완李圭完 16
이긍재李兢宰 203
이기순李起淳 71
이기태李起台 10
이기택李起宅 11, 13
이달李達 156
이만원李萬源 100, 122, 124, 126, 135, 188, 190
이명상李明相 127, 133
이명재李命宰 75, 203
이문경李聞慶 156
이문흠李文欽 105
이백일 209
이사건李思騫 11
이상설李相卨 74
이상철李相哲 75
이성민李聖民 11
이세영李世榮 100, 153, 158
이세형李世亨 11
이소응李昭應 88
이승원李承元 11
이승재李承宰 199, 200, 201
이용로李容魯 100, 134
이윤욱李允郁 11
이은찬 165
이응길李應吉 11
이인영李麟榮 118, 121, 164, 165, 167, 168
이정규李正奎 12, 203

이정래李廷來 118
이제참李齊參 11
이조승李肇承 108
이주승李胄承 108
이준명李準明 182
이중봉李重鳳 100, 126, 135, 156
이창교李昌教 160
이창인李昌仁 11
이춘영李春永 28
이춘화李春和 180
이토 히로부미伊藤博文 86, 196
이한응李漢應 93
이항로李恒老 41
이현범李鉉範 150
이호윤李浩允 27
임세연林世淵 33
임오군란 14
임차손林次孫 162

ㅈ

작성鵲城 190
장기렴張基濂 36
장문근張文根 33
장지연張志淵 72
장침리長枕里 202
「재격고문再檄告文」 65, 151
재산 전투 187
적성사赤城寺 120
절충장군折衝將軍 행용양위行龍驤衛 13
정경태鄭敬泰 183
정대무丁大武 91, 95
정동직鄭東稷 203

정두원鄭斗源 84
정미7조약 86
정병화鄭炳和 161
정봉준鄭鳳俊 167
정술원鄭述遠 206
정연철鄭潤鐵 150, 183
정운경鄭雲慶 37, 71
정원팔鄭元八 182
정해창鄭海昌 161, 180
『제국신문』 73
조동교趙東教 91, 95, 103, 106, 109, 117, 121, 122, 127, 129, 131, 132
조동기趙東冀 84
조령 33
조병세趙秉世 74
조종암祖宗巖 169
조준원趙浚元 83
조지훈 209
존화양이론 46
주광식朱光植 135, 138
죽령 전투 148

ㅊ

「창의가」 144
『창의사실기倡義事實記』 18, 69, 207
창절사彰節祠 133
채순묵蔡淳黙 71
천남泉南 전투 94~96, 98
천보락千普洛 118, 126
청일전쟁 19
초哨 32, 77
총포 및 화약류 단속법 86

최동백崔東白 180
최용출崔用出 122
최익현崔益鉉 35
추성구秋性九 161
충주성 공략전 103

ㅌ

「통고문」 89
「통고봉평사민문通告蓬坪士民文」 161

ㅍ

편강렬片康烈 160
평천枰川 33
폐허가 된 제천 108, 109
포전리浦田里 193
「폭도사편집자료」 16

ㅎ

하세가와 요시미치長谷川好道 119, 148
하한서河漢瑞 100, 124, 126, 128, 134, 138, 141, 143, 158, 162, 188, 193
한국주차군사령관 140, 148
한국주차군사령부 108
한국주차헌병대 194, 195
한병선韓秉善 162
해동의사운강이선생강년지비海東義士雲崗李先生康秊之碑 209
허섭許燮 150
허위許蔿 165, 167, 168
헤이그 사행使行 86

혜국사惠國寺 122
호서창의대장 167
호좌의병장 98, 100
호좌의진 100, 103
호좌창의군 100
호코다 산타로戈田三太郎 124
홍경시洪慶時 117
홍대석洪大錫 32, 34, 37
홍범도洪範圖 10, 213
홍사구洪思九 38
홍우석洪祐晳 138, 139
홍종선洪鍾善 180
화서연원독립운동기념비 41
화악산華嶽山 163, 176, 177
『황성신문』 72, 73, 196
효령대군孝寧大君 10, 202
「효령대군자손파계孝寧大君子孫派系」 11

의병전쟁의 선봉장 이강년

1판 1쇄 인쇄 2017년 12월 18일
1판 1쇄 발행 2017년 12월 22일

글쓴이　박민영
기　획　독립기념관 한국독립운동사연구소
펴낸이　이준식
펴낸곳　역사공간
　　　　주소: 04034 서울시 마포구 양화로 11길 18 원오빌딩 4층
　　　　전화: 02-725-8806, 070-7825-9900
　　　　팩스: 02-725-8801, 0505-325-8801
　　　　E-mail: jhs8807@hanmail.net
　　　　등록: 2003년 7월 22일 제6-510호

ISBN 979-11-5707-158-6　03900

- 잘못된 책은 바꿔 드립니다.
- 이 도서의 국립중앙도서관 출판예정도서목록(CIP)은 서지정보유통지원시스템 홈페이지 (http://seoji.nl.go.kr)와 국가자료공동목록시스템(http://www.nl.go.kr/kolisnet)에서 이용하실 수 있습니다.(CIP제어번호: CIP2017034419)

역사공간이 펴내는 '한국의 독립운동가들'

독립기념관은 독립운동사 대중화를 위해 향후 10년간 100명의 독립운동가를 선정하여,
그들의 삶과 자취를 조명하는 열전을 기획하고 있다.

001 근대화의 선각자 - 최광옥의 삶과 위대한 유산
002 대한제국군에서 한국광복군까지 - 황학수의 독립운동
003 대륙에 남긴 꿈 - 김원봉의 항일역정과 삶
004 중도의 길을 걸은 신민족주의자 - 안재홍의 생각과 삶
005 서간도 독립군의 개척자 - 이상룡의 독립정신
006 고종 황제의 마지막 특사 - 이준의 구국운동
007 민중과 함께 한 조선의 간디 - 조만식의 민족운동
008 봉오동·청산리 전투의 영웅 - 홍범도의 독립전쟁
009 유림 의병의 선도자 - 유인석
010 시베리아 한인민족운동의 대부 - 최재형
011 기독교 민족운동의 영원한 지도자 - 이승훈
012 자유를 위해 투쟁한 아나키스트 - 이회영
013 간도 민족독립운동의 지도자 - 김약연
014 대한민국 임시정부의 민족혁명가 - 윤기섭
015 서북을 호령한 여성독립운동가 - 조신성
016 독립운동 자금의 젖줄 - 안희제
017 3·1운동의 얼 - 유관순
018 대한민국임시정부의 안살림꾼 - 정정화
019 노구를 민족제단에 바친 의열투쟁가 - 강우규
020 미 대륙의 항일무장투쟁론자 - 박용만
021 영원한 대한민국임시정부의 요인 - 김철
022 혁신유림계의 독립운동을 주도한 선각자 - 김창숙
023 시대를 앞서간 민족혁명의 선각자 - 신규식
024 대한민국을 세운 독립운동가 - 이승만
025 한국광복군 총사령 - 지청천

026 독립협회를 창설한 개화·개혁의 선구자 - 서재필
027 만주 항일무장투쟁의 신화 - 김좌진
028 일왕을 겨눈 독립투사 - 이봉창
029 만주지역 통합운동의 주역 - 김동삼
030 소년운동을 민족운동으로 승화시킨 - 방정환
031 의열투쟁의 선구자 - 전명운
032 대종교와 대한민국임시정부 - 조완구
033 재미한인 독립운동의 표상 - 김호
034 천도교에서 민족지도자의 길을 간 - 손병희
035 계몽운동에서 무장투쟁까지의 선도자 - 양기탁
036 무궁화 사랑으로 삼천리를 수놓은 - 남궁억
037 대한 선비의 표상 - 최익현
038 희고 흰 저 천 길 물 속에 - 김도현
039 불멸의 민족혼 되살려 낸 역사가 - 박은식
040 독립과 민족해방의 철학사상가 - 김중건
041 실천적인 민주주의 역사가 - 장도빈
042 잊혀진 미주 한인사회의 대들보 - 이대위
043 독립군을 기르고 광복군을 조직한 군사전문가 - 조성환
044 우리말·우리역사 보급의 거목 - 이윤재
045 의열단·민족혁명당·조선의용대의 영혼 - 윤세주
046 한국의 독립운동을 도운 영국 언론인 - 배설
047 자유의 불꽃을 목숨으로 피운 - 윤봉길
048 한국 항일여성운동계의 대모 - 김마리아
049 극일에서 분단을 넘은 박애주의자 - 박열
050 영원한 자유인을 추구한 민족해방운동가 - 신채호

051 독립전쟁론의 선구자 광복회 총사령 - 박상진
052 민족의 독립과 통합에 바친 삶 - 김규식
053 '조선심'을 주창한 민족사학자 - 문일평
054 겨레의 시민사회운동가 - 이상재
055 한글에 빛을 밝힌 어문민족주의자 - 주시경
056 대한제국의 마지막 숨결 - 민영환
057 좌우의 벽을 뛰어넘은 독립운동가 - 신익희
058 임시정부와 흥사단을 이끈 독립운동계의 재상 - 차리석
059 대한민국임시정부의 초대 국무총리 - 이동휘
060 청렴결백한 대한민국 임시정부의 지킴이 - 이시영
061 자유독립을 위한 밀알 - 신석구
062 전인적인 독립운동가 - 한용운
063 만주 지역 민족통합을 이끈 지도자 - 정이형
064 민족과 국가를 위해 살다 간 지도자 - 김구
065 대한민국임시정부의 이론가 - 조소앙
066 타이완 항일 의열투쟁의 선봉 - 조명하
067 대륙에 용맹을 떨친 명장 - 김홍일
068 의열투쟁에 헌신한 독립운동가 - 나창헌
069 한국인보다 한국을 더 사랑한 미국인 - 헐버트
070 3·1운동과 임시정부 수립의 숨은 주역 - 현순
071 대한독립을 위해 하늘을 날았던 한국 최초의
　　여류비행사 - 권기옥
072 대한민국임시정부의 정신적 지주 - 이동녕
073 독립의군부의 지도자 - 임병찬
074 만주 무장투쟁의 맹장 - 김승학

075 독립전쟁에 일생을 바친 군인 - 김학규
076 시대를 뛰어넘은 평민 의병장 - 신돌석
077 남만주 최후의 독립군 사령관 - 양세봉
078 신대한 건설의 비전, 무실역행의 독립운동가
　　- 송종익
079 한국 독립운동의 혁명 영수 - 안창호
080 광야에 선 민족시인 - 이육사
081 살신성인의 길을 간 의열투쟁가 - 김지섭
082 새로운 하나된 한국을 꿈꾼 - 유일한
083 투탄과 자결, 의열투쟁의 화신 - 나석주
084 의열투쟁의 이론을 정립하고 실천한 - 류자명
085 신학문과 독립운동의 선구자 헤이그특사 - 이상설
086 민중에게 다가간 독립운동가 - 이종일
087 의병전쟁의 선봉장 - 이강년